EDICIONES UNIVERSIDAD CATÓLICA DE CHILE
Vicerrectoría de Comunicaciones
Av. Libertador Bernardo O'Higgins 390, Santiago, Chile
editorialedicionesuc@uc.cl
www.ediciones.uc.cl

Pixy
Ana María Vicuña Navarro y Celso López Saavedra

© Inscripción N° 282.183
Derechos reservados
Diciembre 2017
ISBN N° 978-956-14-2136-3

Diseño: Francisca Galilea
Impresor: Imprenta Salesianos S.A.

CIP-Pontificia Universidad Católica de Chile
Lipman, Matthew, autor.
Pixy / Matthew Lipman; traducción de Celso López
y Ana María Vicuña.
1.   Niños y filosofía.
2.   Razonamiento infantil.
I.   t.
2017   372.81 + DDC23   RDA

Pixy

Matthew Lipman

Traducción de Celso López
y Ana María Vicuña

EDICIONES UC

CONTENIDO

CAPÍTULO PRIMERO

¡Ahora me toca *a mí*! ¡Tuve que esperar tanto tiempo para que los demás terminaran sus cuentos!

Voy a comenzar por decirte mi nombre. Me llamo Pixy. Bueno, Pixy no es mi nombre verdadero. Mi nombre verdadero es el que me pusieron mis papás. Pixy es un nombre que yo misma me puse.

¿Cuántos años tengo? Tengo la misma edad que tú.

Fíjate, puedo cruzar las piernas y caminar sobre mis rodillas. Según mi papá, parece que estuviera hecha de goma. ¡Anoche puse los pies detrás del cuello y caminé sobre mis manos!

¡No pues, claro que no se puede cruzar las piernas y ponerlas tras el cuello al mismo tiempo! ¡O haces una cosa o la otra, pero no las dos al mismo tiempo! ¿Qué quieres hacer, convertirte en un solo nudo?

Mi mamá dice que me porto como si fuera hecha de vinagre. No sé cómo es el vinagre. Debe ser algo rico, como el helado.

Mi cuento es bastante largo, así que ponte cómodo. (Soy mucho más paciente este año de lo que era el año pasado. El año pasado te hubiera dicho, —¡Quédate tranquilo! No voy a contarte nada hasta que la cortes. Tengo muchas cosas en las que puedo pensar mientras espero—). ¡Es curioso! ¡Ahora ya ni me gusta hablar así!

Lo único que quiero hacer es seguir con mi cuento.

✳ ✳ ✳

La razón por la cual inventé un cuento es que todos en mi curso tuvimos que inventar un cuento. Lo que quiero contarte ahora es el cuento de cómo se inventó mi cuento. Primero hay un cuento, luego hay un cuento de cómo ocurrió el cuento. Lo que quiero decir, es que primero tuvo que pasar lo que ocurre en el cuento y después se hizo el cuento. Así que este es el cuento de lo que sucedió primero. O sea, es el cuento de cómo llegó a hacerse el cuento.

No sabíamos que teníamos que inventar un cuento hasta que el Sr. Mendoza nos dijo que íbamos a hacer un paseo al zoológico.

El Sr. Mendoza es nuestro profesor. Es un poco orejón, igual que yo. Pero yo puedo mover mis orejas, y él no. (No pues, no quiero decir que él no puede mover *mis* orejas. Quiero decir que él no puede mover las *suyas*).

El Sr. Mendoza es muy viejo. ¡Imagínate, tiene una hija que va a tener una guagua! Tiene que tener sus añitos, ¿no? ¿Habrá conocido a Bernardo O'Higgins? (El año pasado le hubiera preguntado, pero ahora sé que es mejor no hacerlo).

Así que el Sr. Mendoza nos contó que íbamos a hacer un paseo al zoológico, y que después quería que cada uno de nosotros inventara un cuento acerca del paseo. Podía ser acerca de los animales que vimos, o de los lugares de donde vinieron los animales, o acerca de cómo los animales fueron capturados y traídos al zoológico.

—Sus cuentos pueden ser acerca de cualquier cosa que el zoológico les traiga a la mente —dijo el Sr. Mendoza.

Recuerdo muy claramente cuando nos dijo eso. Es por eso que cuando yo inventé mi cuento, no se trataba de un zoológico, sino de algo en lo que el zoológico me había hecho pensar.

✳ ✳ ✳

Cuando el Sr. Mendoza nos contó los planes para el paseo, todos gritamos –¡Hurra!– y –¡Viva!– y –¡Se pasó!–. Todos menos Nano.

–¿Para qué quieren ir a una porquería? –preguntó, haciendo muecas y apretándose la nariz con los dedos.

Eso me dio muchísima rabia. –¡Eres tan creído, Nano! –le dije–. ¿Cómo crees que olerías *tú* si tuvieras que estar encerrado en una jaula todo el día?

Lo único que fue capaz de hacer fue sacarme la lengua. Y yo, naturalmente, le hice una mueca con los dedos en las orejas y los ojos turnios.

Entonces me dijo que tenía chicle pegado en el pelo, y eso fue una pura mentira. ¡Estoy segura de que me lo había sacado todo!

¡Qué pesado!

✳ ✳ ✳

Justo antes del almuerzo, el Sr. Mendoza se echó para atrás en su silla y limpió sus anteojos. –Hay una cosa más que les quiero decir sobre el paseo del miércoles –dijo–. Quiero pedirles un favor a todos. Quiero que cada uno tenga un secreto, y que no se lo diga a *nadie*.

Yo le pregunté, –¿Ni a mi mejor amiga, Sr. Mendoza?

–Ni a tu mejor amiga –me respondió.

–¿Ni a *usted*?– preguntó Nano, y el Sr. Mendoza dijo –Ni a mí.

Entonces habló Isabel. De ella estaba hablando cuando dije eso de mi mejor amiga. Ella es mi mejor amiga. –¿Qué tipo de secreto, Sr. Mendoza? –dijo Isabel.

El profesor respondió, –Quiero que cada uno piense en algún animal, o en algún ave, o en algún reptil, que sea de sus favoritos. Y esa será su *criatura misteriosa*. Cuando vayan pasando por el zoológico con los demás del curso, estén atentos para descubrir sus criaturas misteriosas. Entonces, cuando las vean, piensen en cómo podrían incluirla en el cuento que van a escribir. El día después del paseo, cuando nuevamente estemos aquí en clase, cada uno contará el cuento de su criatura misteriosa a los demás.

¡Yo me entusiasmé tanto! Porque no tuve que pensar en cuál iba a ser mi criatura misteriosa; lo supe al tiro. Y estaba segurísima de que nadie más tendría la misma que yo. ¡No podía aguantarme las ganas de verla!

Cuando salíamos de la sala de clases, oí que Tomasito le hablaba en voz baja a Catalina, tratando de descubrir cuál iba a ser su criatura misteriosa.

Mientras caminábamos por el pasillo, Isabel y yo nos tomamos de la mano como siempre. No hablábamos porque cada una estaba pensando. Yo estaba pensando en la suerte que tenía de tener una amiga que no trataría de obligarme a contarle mi secreto. A lo mejor Isabel estaba pensando lo mismo, porque de repente paró y me dio un abrazo, y yo la abracé de vuelta, ahí mismo en el pasillo. Después bajamos por la escalera para ir a almorzar.

Más tarde ese mismo día, mientras estaba sentada en mi banco en la clase, empecé a pensar de nuevo en mi criatura misteriosa. Isabel me dijo que parecía que estuviera soñando despierta.

En todo caso, apoyaba la pera con mi mano, y mi codo estaba sobre el banco.

No sé por cuánto tiempo estuve sentada así, pero debe haber sido un buen rato. De pronto, me acordé que estaba en clase. Y fue entonces que me di cuenta de algo muy extraño. ¿Sabes qué era?

¡El brazo se me había dormido!

Todavía no lo entiendo. Si yo entera estaba despierta, ¿cómo podía ser que una parte de mí estuviera dormida?

No estaba equivocada, se había dormido. No podía usarlo. Era como si solo colgara de mi hombro. No podía sentirlo, aunque a lo mejor sentía un pequeño cosquilleo.

¿Se te ha quedado dormido alguna vez tu brazo? Es bien raro, ¿no es cierto? ¡Parece como si no fuera tuyo! ¿Cómo puede ser que una parte de tu cuerpo no te pertenezca? ¡Todo lo que eres tú te pertenece!

Pero sabes, eso es lo que me tiene confundida. O mi cuerpo y yo somos una sola cosa o no la somos.

Si mi cuerpo y yo somos la misma cosa, entonces *él* no me puede pertenecer a *mí*.

Y si mi cuerpo y yo somos diferentes, entonces, ¿quién soy yo?

¡Empiezo a pensar que soy *yo* la criatura misteriosa!

Más tarde, cuando le hablaba a Isabel de mi brazo dormido y que parecía no pertenecerme, ella dijo, –Pixy, te preocupas demasiado. Mira, realmente no hay ningún problema. Tu cuerpo te pertenece a ti y tú le perteneces a tu cuerpo–. –Claro –le dije–, pero, ¿le pertenezco a mi cuerpo *del mismo modo* en que mi cuerpo me pertenece a mí?

✳ ✳ ✳

Miré a Pablito, y quise contarle que mi brazo se me había quedado dormido. Pero sabía que sería una pérdida de tiempo. Pablito no me contestaría. No le hablaba de nada a nadie.

Pablito no había hablado hacía mucho tiempo.

Le habíamos preguntado al Sr. Mendoza si había algo que no le funcionaba bien a Pablito, pero él dijo que no, que simplemente no quería hablar.

Pero así y todo traté, y bien en serio. Me acerqué a Pablito, me senté al lado de él, y le dije —Pablito, fíjate que mi brazo acaba de quedarse dormido.

Me miró por un momento, pero luego me quitó la vista.

Así que seguí hablando. —Tuve la sensación de que estuviera hecho de goma. Como si no fuese mi brazo—. Pablito seguía mirando para otro lado.

Entonces le dije, —¿Acaso te gustaría a ti, Pablito, que tu brazo tuviera la sensación de estar hecho de goma?

Ahí fue cuando él se dio vuelta y me miró. Me miraba fijamente con aquellos ojos que parecen traspasarla a uno. Así que me levanté y regresé a mi banco.

Isabel dice que Pablito tiene ojos de lobo. Yo no entiendo cómo puede ser eso.

Es como cuando mi mamá me dice, a cada rato, que tengo la boca de mi papá.

Me hago la misma pregunta de antes: ¿cómo puede ser que algo que es parte de mí sea de otra persona?

✳ ✳ ✳

CAPÍTULO SEGUNDO

–Isabel –le dije–, ¿cómo puede Pablito inventar un cuento acerca de su criatura misteriosa si nunca dice nada?

Isabel me respondió, –Pablito puede inventar un cuento, pero no lo contará. Y lo va a seguir pensando hasta que lo escriba.

–¿Pasa siempre eso en la mente de Pablito? –pregunté–. ¿Se cuenta a sí mismo los cuentos que ha inventado?

–Es posible –dijo Isabel–. Cuando se trata de Pablito, todo es posible.

Me gusta Isabel. Ella se parece a mí en todo lo que me gusta de mí misma. Y es diferente a mí en todo lo que no me gusta de mí misma.

Su pelo y sus cejas son de color más negro que los demás negros, y sus ojos son del mismo color café claro como el de las flores silvestres que crecen cerca del patio del recreo.

❋ ❋ ❋

Esa noche durante la comida, conté a mis papás lo del paseo al zoológico, y cómo tuvimos que inventar cuentos de nuestras criaturas misteriosas. Pero no les conté mi secreto.

No se lo conté a Amanda tampoco. Solamente porque Amanda es mi hermana, y es dos años mayor que yo, y compartimos una pieza, ¡no tengo por qué contarle todo!

Además, ¿me muestra ella esa libreta en que siempre está escribiendo cosas? O, ¿crees que deja que me quede a escuchar cuando llega su amiga, Susana? ¡Todo es cuchicheos y risas entre ellas dos!

Delante de mí, Amanda dirá a Susana, —Espérate un momento. Tengo que deshacerme de mi hermanita—. ¡No te puedo decir cómo me cae de mal cuando hace eso!

A pesar de todo, generalmente nos llevamos muy bien, excepto que siempre ocupa demasiado lugar en la cama, y tengo que empujarla para hacerla volver a su lado. A su lado de la cama, quiero decir.

✱ ✱ ✱

Sé que quieres que yo siga con mi cuento. Pero todas esas cosas que me pasaron, pues, de alguna manera, tuvieron algo que ver con el cuento que inventé. Por eso tuve que contártelas.

Además, es una falta de educación ser apurón.

Bien, quizás a veces hablo yo de cosas que no tienen nada que ver con el cuento. Como el hecho de que puedo hacer tres ruedas de un tirón. Eso no tiene nada que ver con mi cuento. Pero, ¿puedes tú hacer tres ruedas de un tirón?

¡No me mires así! ¡Ves lo que me hiciste hacer! Casi olvidé contarte algo que pasó anoche.

Me desperté durante la noche porque soñaba con algo muy extraño. Realmente, no era una pesadilla, sino algo inquietante.

La ampolleta de la luz en la calle estaba apagada, y por eso nuestra pieza estuvo totalmente oscura. Entonces me di cuenta de que algo estaba echado encima de mi pierna derecha. Creía que era Amanda, y le di un empujón y le dije —Amanda, ¡quita tu pierna de encima mío!

Pero la pierna lentamente regresó y se echó donde estaba.

Entonces la empujé otra vez, y me enojé un poco. Y dije, —Amanda, ¡basta!—. Pero la pierna lentamente regresó otra vez.

Luego estiré la mano y la agarré. La sentí como si fuera hecha de goma. Se doblaba en cualquier dirección que la ponía. De un tirón traje el pie de esa pierna cerca de mi cara para verlo mejor. ¿Y sabes qué? Me parecía ese pie muy conocido. De verdad, ¡parecía igual a *mi* pie!

De hecho, ¡*era* mi pie! ¡Se me había dormido, y por eso creía que era el pie de Amanda!

A la mañana siguiente, cuando se lo conté a Amanda, le pregunté, —¿Crees que si se me durmiese mi cabeza, voy a creer que es la tuya?

Amanda miró al gato que perseguía su cola allá en el piso de la cocina, y dijo —Toma tu leche.

¿Ves?, esa es la gran diferencia entre Amanda y yo. ¡Ella nunca considera algo como un problema! No es que se crea una sabelotodo. ¡Es solo que ni le *interesan* las preguntas!

✳ ✳ ✳

Amanda corrió al baño antes que yo, y echó llave por dentro para que yo no pudiera entrar.

Golpeé la puerta con el puño, y le dije, —Amanda, ¡eso no es justo! ¡Yo tengo tanto derecho como tú de usar el baño!

Podía oírla lavarse los dientes, pero dejó de hacerlo por un momento para gritarme de adentro, —¡Tienes que esperar tu turno!—. Sabía por la manera como lo dijo que tenía la boca llena de pasta de dientes. ¡Yo quería que se la tragara! —¡Oye! —le grité tan fuerte como pude—. ¡Cierra la llave del agua! ¿No sabes que hay escasez de agua?

Seguí golpeando la puerta con el puño. Le grité —Amanda, ¡no porque tengas once años puedes mandar a los demás!—. Yo pensé, "Cuando yo tenga once años, ¿a quién voy a poder mandar? ¡A nadie!".

En ese momento, Amanda abrió la puerta y me dejó entrar. No fue porque sintiera lástima de mí, sino porque había terminado de usar el baño.

Si ella esperaba que le dijera mi secreto sobre la criatura misteriosa, podía olvidarlo. Por lo menos, eso es lo que yo esperaba que ella esperara.

✽ ✽ ✽

Eso pasó el martes por la mañana. La mañana del miércoles no fue nada mejor.

En el desayuno, yo soy la única que toma leche. Todos los demás en nuestra familia toman café.

Todos me critican:

"Pixy —dice mi mamá—, ten cuidado. Vas a chorrear la leche sobre tu vestido".

"Pixy —dice mi papá—, no llenes tanto tu vaso. Siempre dejas la mitad sin tomar. Cualquier persona podría vivir con lo que tú botas".

"Pixy —dice Amanda—, no pongas el azúcar en el vaso antes que la leche. Sírvete leche y luego agrega un poco de azúcar".

Mi papá tiene razón. Yo boto la leche. Mi mamá tiene razón. Me ensucio mucho cuando la tomo. Tienen razón. Yo soy descuidada.

Amanda me enferma. ¿Qué importa si pongo el azúcar en el vaso antes de echar la leche o la leche antes del azúcar?

Hay muchas cosas que son correctas y muchas cosas que son incorrectas. Pero hay algunas cosas, a mí me parece, que no son ni correctas ni incorrectas.

A veces me pregunto si le gustaría a Amanda que yo siempre le dijera cuál zapato debería ponerse primero. O que está bien estornudar una vez pero no dos. O que está bien comerse las uñas de la mano izquierda pero no las de la mano derecha.

Quizás vaya yo a inventar una gran mentira y decirle a Amanda que a la gente que aprieta el tubo de la pasta de dientes por arriba en vez de por abajo se le pondrán los párpados peludos.

¡Párpados peludos! ¡Qué repugnante!

CAPÍTULO TERCERO

Yo miraba a Pablito de reojo, y vi a Guillermina acercarse y tomar la mano de Pablito. Lo llevó al rincón de los libros, y se sentaron sobre un par de banquitos. Ella le habló en voz baja, y Pablito la miraba a los ojos, luego a la boca, y entonces otra vez a los ojos.

No podía evitar preguntarme por qué dejaría alguien de hablar así no más. Yo hablo todo el tiempo, *nunca* dejo de hablar. No puedo *imaginar* cómo sería estar siempre callada.

Isabel estaba leyendo un libro, pero la interrumpí. —Isabel, ¿por qué habla la gente? —le pregunté.

Isabel apretó los labios, como si fuera a silbar, y luego dijo lentamente, —Supongo que si la gente habla es porque quiere que otras personas sepan lo que piensa y lo que siente.

—Pero supón que *no* quieren que otros sepan lo que piensan y sienten —le dije.

Isabel pensó por un momento, luego respondió —Entonces, a lo mejor dejan de hablar.

❋ ❋ ❋

Tomasito me dijo —Pixy, el paseo al zoológico será el próximo miércoles, y no puedo pensar en ningún animal secreto. ¿Tú tienes uno ya?

Le dije –¡Por supuesto! Pero no esperes que te cuente a *ti* cuál es! En realidad, ¡no se lo contaría a nadie!

–No te estoy pidiendo que me lo cuentes –respondió Tomasito–. Pero, ¿no me puedes dar una idea? Yo solo puedo pensar en gatos y perros, o caballos y vacas, y *ellos* no se encuentran en el zoológico.

No sé por qué lo hice. No quería ser mala, solo quería hacerle una broma. Quiero decir, que como Tomasito me molesta a veces, pensaba en molestarlo a él esta vez.

–Bien –le dije–. ¿Por qué no escoges el unicornio para tu animal misterioso?

–¿El unicornio? –me dijo. La expresión de su cara me indicó que nunca había oído del unicornio–. ¿Qué es eso?

–Pues, es como un caballo, pero tiene un cacho largo y puntiagudo que le sale justo en medio de la frente.

–¡Puchas! Mil gracias, Pixy –dijo Tomasito–. ¡Necesitaba tanto esa ayuda!

Pensé para mis adentros, "Espera hasta que trates de encontrar el unicornio en el zoológico. ¡Me encantaría ver tu cara cuando descubras que no existe tal animal!".

✳ ✳ ✳

Fue el miércoles por la noche. Pensaba mucho en el paseo al zoológico, y en Isabel y en Tomasito y en Pablito y en Guillermina, y por eso no podía dormir. Creo que empujaba mi lengua contra los dientes cuando de repente me di cuenta de que los dientes estaban sueltos.

En realidad, estaban tan sueltos que podía meter la punta de la lengua entre ellos y la encía. Salté de la cama y corrí a la pieza de mis padres. –¡Mamá! ¡Mamá! –grité–. ¡Se me están cayendo todos los dientes!

Mi mamá más bien gimió. Luego me dijo —Pero por supuesto, mi amor, son los dientes *de leche*. Ya se te ha caído la mayoría. Con el tiempo, *todos* se te caerán.

Entonces fue cuando comencé a gimotear un poco. —Mamita —le dije—, ¿qué va a pasar si se me caen todos mis dientes de leche y no salen los nuevos?

Antes de que mi mamá contestara, mi papá dijo —Te conseguiremos algunos postizos.

Traté de imaginarme mirándome en un espejo: ¡una niña de nueve años con dientes postizos!

Luego dije —Papi, ¿cómo sabe un diente cuando se tiene que caer?

—No lo sabe —respondió mi papá—. Está siendo empujado para afuera.

—¿Qué lo empuja? ¿Mi lengua?

—No —me explicó mi papá—. Está siendo empujado por el nuevo diente que está creciendo debajo de él.

Pensé en eso. Luego dije, —Papi, si no me salen los dientes nuevos, ¿no podríamos plantar algunos pocos, así como plantas un arbolito? ¿Echarían raíces como un árbol, papi?—. Lo remecí un poco porque estaba medio dormido otra vez. —¿No es cierto? Oye, papi, ¿no es cierto?

—Bueno —me contestó—. Se dice que si a la lagartija se le corta la cola, le crece una nueva. O que se puede plantar una pata de la lagartija en ese lugar, y si no sigue siendo una pata, quizás se transformará en una cola.

—Papi —le dije—, estás hablando sin sentido. ¿Qué tienen que ver las colas de las lagartijas con los dientes de la gente?

—Pixy tiene razón, Rafael —dijo mi mamá—. Las dos cosas 'nada que ver'. Y de todos modos, ¿es verdad que uno puede replantar la cola de las lagartijas, o es algo que tú acabas de inventar?

—No me acuerdo dónde lo leí —le respondió mi papá—. No estoy seguro. Quizás inventé todo el cuento.

Comenzaba yo a tener sueño, y en poco tiempo, sin saberlo, me quedé dormida entre mi mamá y mi papá. Y soñaba en una lagartija que había perdido la cola, y alguien había plantado una patita de lagartija donde antes tenía la cola. Pero la patita no sabía qué quería ser cuando fuera grande. Podría ser o una pata o una cola, pero no sabía cuál. ¡Estaba tan confundida! Como crecía y crecía más y más, sabía que tendría que decidirse pronto. Pero no pudo resolverse.

Solo eso es lo que recuerdo de mi sueño.

✳ ✳ ✳

Al terminar las clases, fui con Isabel a su casa. Ella vive en un departamento en el octavo piso. Apreté todos los botones del ascensor para que tuviera que parar en cada piso. Así que cada persona que quería subir tuvo que esperar, y cuando al fin entraba al ascensor, estaba muy enojada. No creo que yo haga eso otra vez.

Las únicas personas que estaban en el departamento con Isabel eran su mamá y Carmencita, su hermanita. Carmencita no va a la escuela todavía. Me dijo —Hola, Pixy. Vamos a la casa de mi abuelita para la Navidad.

A mí me parecía que faltaba mucho todavía para la Navidad. Pero le dije a Carmencita, —¡Qué bien! ¿Quiénes más van a estar allá además de tu abuelita?

Carmencita pareció confundida y miró a Isabel para que la ayudara. Isabel dijo —La familia— y Carmencita repitió, —La familia.

—¿Como quiénes? —pregunté—. ¿Tus tíos?

—Pues, sí —respondió Isabel—. Y mis primos. Todos ellos estarán también.

–Y la familia –dijo Carmencita.

Isabel se rió. –No, Carmencita –dijo–. No digas 'Y la familia'. La familia no son otras personas que se suman a nosotros y a nuestra abuelita y a nuestros tíos y primos.

Carmencita miró fijamente a Isabel. Yo sabía que ella no entendía lo que Isabel estaba diciendo. –Déjame tratar de explicárselo –le dije–. Carmencita, cuando todos los parientes están juntos se llaman 'tu familia'.

Carmencita dijo –Oh–. Luego, añadió –Y, ¿cuando no están juntos? ¿Son entonces todavía la familia?

–Por supuesto –dijo Isabel.

–Entonces, ¿mi familia se hace de personas que son mis parientes? –preguntó Carmencita.

–Así es. Todos tus parientes, y solo tus parientes –le dije.

Carmencita me miró. –¿Tienes tú una familia también?

–¡Claro que sí! –le dije–. Todos los de mi familia son los parientes míos como cada uno de tu familia es pariente tuyo.

–¿Son tus tíos y primos?

–Sí –respondí.

–Pero, ¿son personas diferentes de *mis* parientes?

–Claro.

–Entonces, ¿eso quiere decir que todas las familias son iguales, y que solo tienen en ellas personas distintas? –preguntó Carmencita, tocando mi mejilla con el dedo.

Miré a Isabel y ella me miró a mí. Luego suspiró, y mirando a Carmencita, le dijo, –Supongo que lo que quieres decir es que las personas de distintas familias son diferentes, pero que la manera en que son parientes es la misma.

Carmencita bajó la cabeza y en la frente le aparecieron pequeñas arruguitas. Por eso le dije –Fíjate, Carmencita. Tú eres la hija de *tu* mamá, y yo soy la hija de *mi* mamá.

Todas somos *personas* distintas, pero tú y yo, las dos, *somos hijas*.

–¿Ves? –agregó Isabel–, Pixy tiene una relación de madre e hija en *su* familia, y nosotras tenemos una relación de madre e hijas en *nuestra* familia.

Carmencita no sonrió. Primero miró a Isabel y luego me miró a mí. Nos miró con mucha atención como si estuviera examinando nuestras caras para descubrir lo que queríamos decir.

Entonces Isabel se rió y dijo, –¿No ves, Carmencita, que nosotras somos miembros de *nuestra* familia, y que Pixy es miembro de la *suya*?

Nadie dijo nada por un momento. Luego Carmencita preguntó, –Si toda la familia va a estar en la comida de Noche Buena, ¿estarán los miembros también?

CAPÍTULO CUARTO

A la mañana siguiente, mientras mi mamá hacía el desayuno, nos daba la espalda. Me estaba llevando la cuchara a la boca y la paré a medio camino para fijarme en Amanda, mientras ella comía.

Al principio, Amanda hizo todo lo posible para no prestarme atención. Pero muy luego gritó, –¡Mamá, ella me está mirando otra vez! ¡Dile que deje de mirarme!

Sin darse vuelta, mi mamá dijo –Deja de molestar a tu hermana, Pixy–. Pero seguí mirándola. Yo calculé que realmente no *hacía* nada. Solo miraba.

Entonces Amanda me dio una patada. Me dio una patada en la canilla, justo debajo de la rodilla. En realidad, no me dolió, pero sin embargo, grité y lloré y armé mucha bulla. Mi mamá se dio vuelta y retó a Amanda. Con eso me sentí mejor, pero de todos modos, continué haciendo el escándalo.

–Ella siempre trata de hacerme enojar, mamá –dijo Amanda.

Yo me senté en el suelo, sobándome la pierna, y mi mamá se sentó frente a mí, cogió mis manos en las suyas y dijo, –¿Por qué, Pixy? Solo dime, ¿por qué?

Respiré fuertemente. –¿Por qué qué?

–¿Por qué no te llevas bien con tu hermana?

–¿Por qué no le preguntas a ella por qué no se lleva bien conmigo?

–¿Es algo que ella te hizo? –me preguntó mi mamá.

De algún modo, cuando mi mamá me hizo esa pregunta, me pareció que recordaba algo que había olvidado desde hacía muchísimo tiempo.

Casi grité, –¡Claro que hizo algo!–. Señalé con el dedo a mi hermana, y ella me miró como si no tuviera ninguna idea de por qué estaba yo tan enojada.

–El año pasado –comencé a contarle a mi mamá–, ¿recuerdas cuando la Sra. Maderos, del vecindario, hizo aquella fiesta para Elena? Bueno, ella le dijo a Amanda que me invitara, y Amanda fue tan mala que *no me lo dijo*. No supe nada de la fiesta hasta el día siguiente. Cuando al fin me enteré, me encerré en el closet tuyo y allí me quedé en el suelo entre los zapatos como por dos horas. Lloré tanto que se mojaron todos los zapatos.

Amanda parecía estar sorprendida. Mi mamá le preguntó, –¿Es eso lo que pasó, Amanda?

Amanda dijo –¡No! Elena hizo invitaciones para cada una de nosotras. Tenía la intención de traerlas aquí para entregárnoslas personalmente tanto a mí como a Pixy. Pero por casualidad me encontró en la calle un día antes de la fiesta, y me dio la invitación para mí. Conversamos por un buen rato, y se le olvidó lo que iba a hacer, y regresó a su casa sin venir a entregar la invitación a Pixy. No descubrió la equivocación hasta dos noches más tarde, y para entonces tenía mucha vergüenza de contarle a Pixy lo que había pasado, y por eso no dijo nada.

Mi mamá me miró, y la única cosa que dijo fue –¿Ya ves, Pixy?

Yo no dije nada. No quería creer que posiblemente todo fuera un accidente. Era mucho más simple creer que Amanda era la culpable.

Mi mamá dijo —Amanda es tu hermana, Pixy—. Y luego, agregó, —y tú eres la de ella.

Me quejé, —*No quiero* ser su hermana. Prefiero que Isabel sea mi hermana.

Rápidamente Amanda respondió, —*Tenemos que* ser hermanas porque tenemos los mismos padres. Puchas, tú debes estudiar algo sobre las relaciones familiares.

Me senté un rato apoyando la pera en mis manos, haciendo pucheros. Al fin dije, —Ay, ¿qué importa? Si algo no se puede ver ni tocar, no puede ser real. Y todo el mundo sabe que las relaciones no se pueden ver ni tocar. Por eso, no pueden ser reales.

—Mami —chilló Amanda—, ¡oye lo que dice Pixy! ¡Dice que uno no puede ver relaciones! Pero cualquiera puede ver que yo soy más alta que ella, y 'ser más alta que' es una relación. Y también, cualquiera puede ver que yo estoy parada cerca de ti, y 'cerca de' es una relación, ¿no es cierto?

Me levanté y dije —Las personas son reales, y las cosas son reales, pero las relaciones existen solamente en nuestras mentes.

—¿Cómo es que estás tan segura de eso, Pixy? —preguntó mi mamá.

—Porque nadie me puede mirar y determinar si yo soy la prima de alguien o no, o si soy la sobrina de alguien o no, del mismo modo que me pueden mirar y saber que soy chica y flaca.

Mi mamá dijo, —No estoy tan segura de que las relaciones familiares no se puedan ver. Tú sabes que siempre te digo que eres la hija de tu papá; tienes la boca de él.

—Es cierto —le respondí—. Y el papi dice que tengo los ojos tuyos. Y, ¿qué de Amanda? El papi dice que Amanda tiene los ojos de él y la boca tuya. ¿Cómo puede ser?

—No tenemos que parecernos todos para pertenecer a la misma familia —respondió mi mamá.

Amanda arrugó la nariz y dijo —Mamá, ¿tiene razón Pixy cuando dice que algo no puede ser real si no se puede ver ni tocar?

—Supongo que eso depende de lo que queremos decir con 'real' —dijo mi mamá.

—Mami —le dije—, ¿por qué no puedes decirnos quién tiene la razón y quién no, así no más?

Mi mamá respondió con una voz algo rara, como si estuviera preguntándose a sí misma, —¿Tiene que ser que una de las dos tenga la razón y la otra no?

Todavía estoy tratando de entender qué es lo que ella quería decir con eso.

✳ ✳ ✳

Ya sé. Tú quieres que vuelva a mi cuento del paseo al zoológico.

Pero eso es lo que llamo mi "cuento misterioso". No puedo contártelo ahora. Quizás nunca te lo diré.

¿Tú crees que puedes adivinar de qué se tratará mi "cuento misterioso"? Yo te digo que jamás lo adivinarás.

¡Y aun si lo adivinaras, no te diría si habías adivinado o no! ¡Vaya!

Más tarde quizás te diré la *razón* del por qué no te contaré mi cuento misterioso, si es que no te cuento mi cuento.

Pero ahora déjame volver al cuento de cómo inventé mi cuento misterioso.

✳ ✳ ✳

¡Oh! Hay algo que olvidé mencionar. Cuando Amanda me dio una patada porque yo seguía mirándola, y mi mamá la retó, mi mamá dijo, –Amanda, esa no es una excusa.

Entonces yo dije –Mamá, sí *es* una excusa, pero es *solo* una excusa.

–Pixy –dijo mi mamá–, me parece que si tienes una excusa para algo, tienes una buena razón para hacerlo.

–Pero, mamá –le dije–, si me lastimo un poco el dedo en la escuela, y le digo a la profesora que me lastimé y que tengo que irme a casa, todo el mundo sabría que estoy usando mi dedo lastimado como una excusa. Esa excusa no es una *buena* razón, ¡es una *mala* razón!

Amanda dijo, –Pixy, ¿tienes que discutir absolutamente todo?

Le dije –No estoy discutiendo. Estoy planteando preguntas. ¿Es eso un crimen?–. Fue entonces cuando Amanda dijo que yo siempre trataba de molestarla. ¡Como si alguien aceptara *esa* excusa como una buena razón para darme una patada!

✳ ✳ ✳

Me senté en las piernas de mi papá, le quité los anteojos y me los puse. No pude ver nada con ellos, así que los coloqué otra vez en la nariz de mi papá. Él no dijo ni una sola palabra. Solamente me miró por encima de sus anteojos. Amanda se quedó de pie con sus manos en la cintura y nos miraba.

–Supe que vas a ir de paseo al zoológico –dijo mi papá.

–Papi –le dije–, ¡te he contado lo del paseo mil veces! Ya se te olvidó todo lo que te dije.

–No, no es cierto –me dijo–. Tienes que pensar en una criatura misteriosa. Y tienes que inventar un cuento misterioso acerca de lo que el paseo te hace pensar.

Le di un fuerte abrazo. —Papi —le dije—, tú eres maravilloso. Ahora, supongo que quieres que te diga cuál es mi criatura misteriosa.

—No, no si es un secreto. Y no vas a poder contarme tu cuento hasta después de la visita al zoológico.

Le di otro abrazo y dije —¡Pobre papi!

—¿Por qué 'pobre'? —me preguntó.

—Porque crees que tengo que esperar hasta *después* del paseo para inventar un cuento acerca de lo que me hace pensar esa visita.

—¿Oh? ¿En *qué* te hace pensar el paseo al zoológico?

—¡Eso es para mí *saber* y para ti *averiguar*! —le dije—. Pero, ¿sabes qué? Te voy a echar una ayudadita. El zoológico hace que me pregunte a mí misma cuál es la diferencia entre los animales que piensan y los que no piensan. Y hace que me pregunte cómo comienza el pensar, o de dónde viene.

—Oh, ¿eso es todo? —dijo mi papá—. ¡Bueno! ¡Estoy seguro que no será ningún problema para ti inventar un cuento acerca de *eso*!

Yo solo me reí. ¡No le dije que *ya* tenía todo mi cuento inventado!

Entonces fue cuando el gato atravesó el cuarto. Yo salté de las piernas de mi papá, le grité al gato y corrí tras de él por toda la casa. Cuando regresé a donde estaba mi papá, él me dijo, —Pixy, ¿por qué tienes que *gritar* tanto? Tú no me ves *a mí* corriendo por la casa gritando constantemente, ¿no es verdad?

—No —le dije—. Pero, ¿lo hiciste cuando eras niño como yo?

—Bueno, supongo que sí —me contestó—. Pero eso no quiere decir que uno lo deba hacer.

—Yo sé —dije—. Solamente porque tú lo hiciste alguna vez no es una razón para que yo lo haga. Pero siempre…

—Pero siempre, ¿qué? —preguntó mi papá.

—Quizás si no fue incorrecto para ti hacerlo en aquel tiempo, ¡no es incorrecto para mí hacerlo ahora, nada más! —le dije.

CAPÍTULO QUINTO

Cuando ya nos habíamos acostado y apagado la luz, dije, –Amanda, ¿a dónde se va la luz cuando uno aprieta el interruptor? Decimos que 'se fue', pero realmente, ¿a dónde va?

Amanda dijo –Se duerme, y eso es lo que tú debes hacer.

–Amanda, estoy hablando en serio –insistí–. ¿A dónde va?

–Va al lugar desde donde viene la oscuridad –me contestó–. Ahora, déjame en paz.

–¿Quieres decir que la oscuridad viene del espacio más allá del universo, como el 'Cuco' y cosas así?–. Como no me contestó, agregué –Tú *sabes* que no creo en esas cosas.

Amanda se dio vuelta y me miró en la oscuridad. –Primero no crees en relaciones. Y ahora no crees en el espacio. ¿Hay algo en que *sí* crees?

–Eso no es justo –le dije–. Solo porque pregunto sobre algo, inmediatamente tú dices que no creo en eso. ¡Tú siempre tratas de quitarle la gracia a cualquier cosa!–. Me di vuelta y me dormí. Pero no antes de decirme a mí misma, "¡Espacio! ¡Es solo una *palabra*! ¡Es nada más que un gran vacío! La gente habla de él como si fuera algo especial, pero en realidad, ¡es *nada*!". Luego agregué, "Amanda puede quedarse con sus relaciones tontas y su espacio tonto, y yo me quedo con mi criatura misteriosa y con mi cuento misterioso y con todos mis *otros* misterios". No sabía qué otros podría yo tener, pero pensé que Amanda nunca descubriría que ni siquiera yo misma lo sabía.

✵ ✵ ✵

A la mañana siguiente me quedé acostada mientras Amanda se vestía. –Debes apurarte en vestirte –dijo–. ¿Qué te pasa?

–Nada –dije–. Estoy pensando, nada más.

–Puedes pensar y vestirte al mismo tiempo –me dijo.

Hice como si no la oyera. Dije –Estoy pensando que, en este momento, por todas partes de la ciudad, la gente está levantándose, vistiéndose, tomando el desayuno y preparándose para ir a la escuela. En este mismo minuto, probablemente Isabel está lavándose los dientes, Guillermina está comiendo un pan tostado, y Pablito está amarrándose sus zapatos. Y aquí estoy yo, acostada en mi cama pensando en todos ellos.

Amanda me miró con una sonrisa algo rara y dijo, –Entonces, ¿estoy yo cerca de ti, y están ellos lejos de ti?

–Así es –yo estaba de acuerdo.

–Bueno, 'cerca de' y 'lejos de' son relaciones. Y no solo eso, ¡son relaciones de *espacio*! Además es más tarde de lo que tú crees, y 'más tarde que' es una relación de *tiempo*. ¡Y si no te levantas ahora mismo, voy a llamar a mamá!

–¡Tiempo! –le grité–. ¡Eso es como el *espacio*! ¡Es nada más que una palabra!

Amanda no me gritó. Solamente me dijo –Mira, Pixy, ya es tarde y la escuela está lejos. Cuando hablamos del tiempo, queremos decir más temprano que y más tarde que. Cuando hablamos del espacio, queremos decir cerca de y lejos de. ¿Está bien?

Fue como si una luz se prendiera en mi mente. –¡Oh! –dije–. *Ahora* veo lo que quieres decir. *Ahora* entiendo en qué consisten el espacio y el tiempo. El espacio consiste en relaciones de espacio y el tiempo está hecho de relaciones de tiempo. ¿Es eso lo que me dices?

Lo único que Amanda dijo fue —Yo no sé. ¿Por qué no le preguntas al Sr. Mendoza? Si es que llegas a tiempo para su clase esta mañana.

✳ ✳ ✳

—Sr. Mendoza —dije—, ¿qué es una relación?—. Primero él dijo —Mm-m-m—, y luego —Supongo que podría llamarla una conexión. Pero quizás sería mejor preguntarles a los demás qué creen que son las relaciones—. Isabel dijo, —Hay relaciones familiares. Es lo que conecta a unas personas con otras de la misma familia. Por ejemplo, si las personas son hermanas, esa es la relación entre ellas.

Raúl dijo —Los números tienen relaciones entre sí. Un número puede ser más pequeño que otro. O puede ser más grande. O puede ser del mismo tamaño.

—No puede haber dos números del mismo tamaño —dijo Lorena—. Serían el mismo número.

—Las palabras están conectadas con otras palabras —dijo Quena—. Por ejemplo, en las oraciones los sujetos necesitan verbos, como 'Los perros ladran'.

—Y las cosas tienen relaciones —dijo Tomasito—. Hay relaciones entre una rueda y el auto, o entre un dedo y la mano, o entre una puerta y la casa.

Roberto brincaba con entusiasmo. —¡Yo sé! ¡Yo sé! Hay relaciones entre las palabras y las cosas. La palabra 'China' tiene relación con el país, China.

El Sr. Mendoza esperó, pero nadie dijo más. Entonces él continuó, —¡Qué bien lo hicieron! Pixy, ¿te ayuda eso un poco?

—Fueron buenos ejemplos —dije—. Pero todavía quiero saber qué son las relaciones.

El Sr. Mendoza se pasó los dedos por el pelo. —¿Qué te dije yo que creía que eran? —me preguntó.

Lo miré con la expresión más triste que pude poner, y dije —Nadie me dice nada. Tengo que descubrir las respuestas por mí misma.

✳ ✳ ✳

Parecía que Pablito no quería irse a casa. Eso es lo que pensé al principio. Pero luego, pude ver que él estaba pensando en algo. Me miraba fijamente. Pronto no hubo nadie en la sala de clases más que él, yo y el Sr. Mendoza.

Entonces Pablito fue al pizarrón y escribió esto:

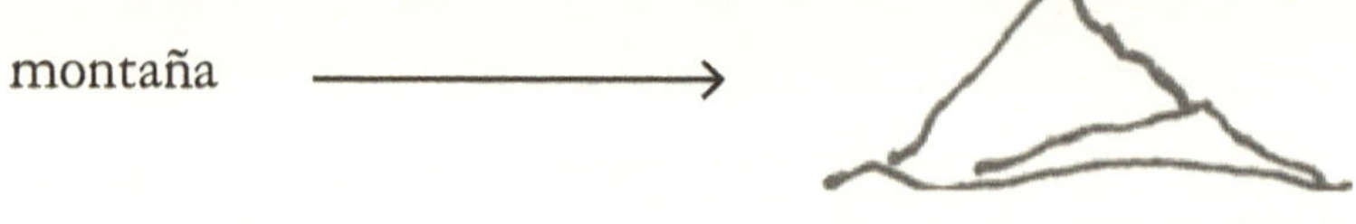

—Ay, Pablito —le dije—, creo que entiendo lo que quieres decir. Es como lo que dijo Roberto. Está la palabra 'montaña', y está la montaña misma. Y la flecha representa la relación que existe entre la palabra y la cosa.

Pablito sonrió. No recordaba haberlo visto sonreir jamás. Luego, regresó al pizarrón otra vez. Tomó un trozo de tiza y escribió:

Las montañas están *lejos*.
Las casas están *cerca*.
Lejos y *cerca* son relaciones de espacio.

Me reí, aplaudí y dije –¡Yo puedo hacer eso también!– y escribí:

Hoy es *antes* del paseo al zoológico.

La próxima semana será *después* del paseo al zoológico.

Antes y *después* son relaciones de tiempo.

Pablito sonrió otra vez. Me encantó poder divertirlo. Pero entonces debió haber tenido otra idea, porque regresó al pizarrón y escribió esto:

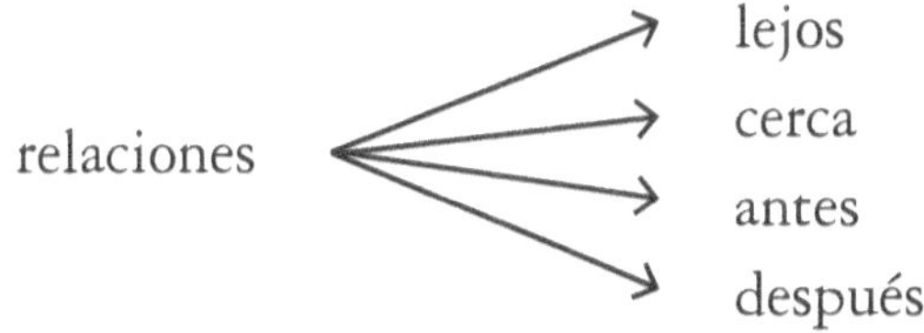

–Pablito –le preguntó el Sr. Mendoza–, ¿estás diciendo que la palabra 'relaciones' relaciona a lejos y cerca, a antes y después, de la misma forma en que la palabra 'montaña' está relacionada a las montañas reales?

Pablito movió la cabeza para decir que sí.

Entonces yo le pregunté al Sr. Mendoza, –La palabra 'montaña' y la idea 'montaña' están en nuestras mentes, ¿no es cierto? Y las montañas verdaderas están en el mundo, ¿verdad?

El Sr. Mendoza respondió –Esa es una manera de decirlo.

–Y la palabra 'relación' y la idea 'relación' están en nuestras mentes, y las relaciones reales están en el mundo, ¿no es así?

–Supongo que se podría decir eso también –me dijo.

–¿Y las relaciones 'antes de' y 'después de' conformarían el tiempo, ¿verdad?

–En cierto modo –dijo el Sr. Mendoza.

Comenzaba yo a entender lo que quería saber, y no iba a abandonar el tema. Por eso dije, –¿El espacio está hecho de relaciones como *lejos* y *cerca*?

El profesor movió su cabeza para decir que sí. Pablito me miraba fijamente.

–Bueno –dije–, ¿no es posible que, de la misma manera que el espacio y el tiempo están hechos de relaciones, así nuestras mentes estén hechas de las palabras y de las ideas que *representan* esas relaciones?

–Esa es una analogía muy bonita, Pixy –dijo el Sr. Mendoza.

–No entiendo –le contesté–. ¿Qué es una analogía?

El Sr. Mendoza se fijó en la hora. –¡Huy! –exclamó–. ¡Son un cuarto para las tres! ¡La reunión del profesorado empezó hace quince minutos! Pixy, tendré que explicarte la analogía otro día.

Diciendo esto, el profesor se dio prisa para llegar a la reunión. Pero se devolvió y entró muy apurado a la sala otra vez. Agarró un montoncito de papeles y salió nuevamente con mucha prisa. Cuando pasaba, le oí decir para sí mismo en voz baja, –El espacio y el tiempo son dimensiones. Pero, ¿podría la mente…?

CAPÍTULO SEXTO

Quiero contarte lo que pasó el martes por la noche. Recuerdo que me costaba dormir. Recuerdo que me hacía preguntas: "¿Qué día será en cinco días?" y, "¿Qué día fue hace tres días?" y, "¿Qué día será en seis días menos dos?".

También recuerdo que justo antes de dormirme, pensé, "Si hoy es martes, mañana tiene que ser miércoles. Si mañana es miércoles, entonces mañana debe ser el día del paseo al zoológico".

Desperté en la noche. Me incorporé, mis ojos completamente abiertos. No fue que algo me asustó, como a veces sucede en la noche. ¡Fue solo que de repente me di cuenta de que era miércoles! ¡El paseo al zoológico! ¡Era hoy!

Miré el reloj en el velador. Es luminoso. ¡Las cuatro y media de la mañana! Pero, ¿cómo podría seguir durmiendo en un día como hoy? Decidí vestirme.

Amanda estaba dormida todavía. Por lo menos, creo que estaba dormida. Nunca estoy segura. Muchas veces Amanda cree que yo estoy dormida y no lo estoy. Así que tal vez ella realmente solo estaba muy quieta y simulaba estar dormida. Pero calculé que si realmente estaba dormida, no sería una buena idea despertarla. Así que no encendí la luz.

¿Has tratado alguna vez de vestirte en la oscuridad? Déjame decirte que no es fácil. Quiero decir, ¿cómo puedes saber de qué color son los calcetines? Pero supongo que yo no estaba tan despierta como creía, porque me puse el primer par de calcetines que encontré en el cajón.

Luego comencé a buscar mis zapatos que generalmente dejo al lado de mi cama. Tengo dos pares, los nuevos y los de diario. Los pongo un par al lado del otro.

Primero me puse el zapato derecho. Metí el pie sin problema. En seguida traté de ponerme el otro zapato en el pie izquierdo. ¡No cabía! Traté de forzarlo, pero no entraba.

De repente, como un relámpago, me di cuenta de lo que pasaba. ¡No podía meter mi pie izquierdo en el zapato izquierdo, porque mi pie izquierdo se había convertido en un pie derecho! Debió haber ocurrido mientras dormía. Pero, ¡ahora me quedaría con dos pies derechos! ¿Quién ha oído alguna vez de una persona con dos pies derechos?

Me dije, "¿Cómo voy a poder ir al zoológico hoy si puedo ponerme solamente un zapato?". Me imaginé saltando. ¡Toda la gente creería que yo era una cigüeña o algo por el estilo!

No había nada más que hacer. Tendría que ir a la pieza de mis papás y despertar a mi mamá para contárselo.

Mi mamá tiene un sueño profundo. Le susurré, —mami, mami— y traté de sacudirla un poco por el hombro, pero no despertó. Entonces le levanté uno de sus párpados, y le dije —Mami, ¿estás allí dentro?—. Pero ni aún así despertó. Así es que regresé a mi pieza y me senté a la orilla de la cama.

Primero me quité los calcetines, pero en seguida me los puse para tratar de ponerme los zapatos otra vez. Estaba terriblemente oscuro en la pieza. Decidí probar con el pie izquierdo primero. ¡Qué sorpresa tuve! ¡Esta vez el zapato me quedó perfecto! ¡Me sentí tan feliz, no te puedo decir cuán feliz me sentí! ¡Mi pie había recuperado su forma normal!

Luego traté de meter mi pie derecho en el otro zapato… y, ¡creía que me iba a morir! ¡No cabía!

Tiré el zapato al suelo y corrí a la pieza de mis papás. Esta vez no le hablé a mi mamá al oído. —Mami, mami

—grité—. ¡Mis pies siguen cambiándose! ¡Primero se cambiaron en dos pies derechos! ¡Ahora se han cambiado en dos pies izquierdos!

Mi papá despertó y encendió la luz. Mi mamá despertó y dijo que yo tenía una pesadilla. Pero mi papá le explicó que yo debía haber confundido los zapatos en la oscuridad. También me explicó a mí que el paseo al zoológico no era *este* miércoles, sino el *próximo* miércoles.

A pesar de todo lo que estaba pasando, Amanda seguía durmiendo. ¡Puchas, cómo duerme ella! Pero, incluso cuando duerme, encuentra el modo de quedarse con todas las frazadas para ella.

Nano trajo su modelo de un helicóptero a la clase para que todos pudiéramos verlo. —Es como los que usa la policía —nos explicó—. Cada parte es exactamente como la de un verdadero helicóptero.

—Pero más pequeña —dijo Tomasito.

—Claro —respondió Nano—, solo más pequeña.

Isabel dijo —Las *partes* son las mismas y las *relaciones* entre ellas son las mismas. Es una réplica, o sea, un *modelo* del original.

Gerardo frunció las cejas y dijo —Los niños son más pequeños que los adultos. ¿Son modelos por eso? Sus cuerpos tienen las mismas partes y tienen las mismas relaciones entre sí.

Eso le causó risa a Isabel, y contestó, —Puede ser que haya modelos de barcos y modelos de aviones, pero no hay niños modelos.

Tomasito estaba haciendo un avioncito de papel. Se detuvo y preguntó, —¿Se puede tener dos cosas en las que las relaciones sean las mismas pero las partes sean diferentes?

Nadie le contestó. Todos tratamos de pensar en algo, pero no pudimos. En ese momento, Pablito, que estaba cerca del pizarrón, por casualidad tiró el cordel del mapa de Chile y lo desenrrolló.

–¡Allí hay un ejemplo! –exclamó Lorena–. Las partes no son iguales. Las ciudades en el mapa son puntos, nada más. Las ciudades reales están llenas de edificios. ¡Pero las *relaciones* son las mismas!

–¿En qué forma? –preguntó el Sr. Mendoza.

Lorena no pudo contestar. Solo se encogió de hombros. Pero Roberto dijo, –¡Yo sé! ¡Yo sé! La ciudad de Valparaíso está al oeste de la ciudad de Santiago. En el mapa, Valparaíso tiene la misma relación con Santiago. ¡Está al oeste de Santiago!

–¡Está a la *izquierda*! –Raúl se metió en la conversación.

–Bueno, en un mapa, eso *significa* 'al oeste' –respondió Roberto.

–Sr. Mendoza –dije–, si uno está comparando dos cosas que tienen las mismas relaciones pero las partes son diferentes, ¿cómo se llama eso?

–Supongo que sería una *analogía* –me dijo–. ¿Puede alguien darnos otro ejemplo de una analogía?

–Bueno –dijo Isabel–, ¿qué tal esto? Un ala está relacionada con un pájaro de la misma manera que una aleta está relacionada con un pez.

Quena dijo –Ahora me toca a mí. Los mangos están relacionados con las tazas como las manillas con las puertas.

–Una ampolleta es a la luz –dijo Gerardo–, como el fuego es al calor.

Nano dijo a Gerardo –Yo no entiendo eso. ¿Cuál es la relación?

Gerardo le respondió, —La manera con que la ampolleta emite luz es como el fuego emite el calor.

—¡No es lo mismo! —discutió Nano.

Gerardo estalló. —No *tienen que* ser absolutamente lo mismo. Solamente tienen que ser *semejantes*.

—¿Tiene razón Gerardo? —le preguntó Nano al Sr. Mendoza—. ¿No tiene que ser exacta una analogía?

—No —contestó el Sr. Mendoza—. Gerardo tiene razón. Las relaciones que se comparan no tienen que ser exactamente las mismas. Pueden ser solamente semejantes.

—Pero, *¿podrían* ser exactamente las mismas, no es cierto? —dijo Nano.

Roberto interrumpió. —Claro —dijo—. Supongamos que yo diga, 'Dos es a cuatro como cuatro es a ocho'. Las dos relaciones serían exactamente las mismas. Es la mitad tanto en una como en otra.

Yo me dije, "Ves, Pixy, con lo que escuchaste, ahora sabes lo que es una analogía. Si nunca hubieras asistido a la escuela, ¿cómo descubrirías lo que hacías a lo largo de tu vida?".

✳ ✳ ✳

A la hora de almuerzo del día siguiente, Isabel y yo nos encontramos con Lorena y Gerardo saliendo del comedor.

—¿Qué hay de almuerzo? —les preguntamos.

—Porotos con zapallo —dijo Lorena.

—Y, ¿de postre? —pregunté.

Gerardo contestó —Manzanas.

Isabel y yo hicimos cola. Pablito llegó e hizo cola con nosotras. Le dije, —Pablito, supongo que tú detestas los porotos—. Yo solo intentaba buscarle conversación. Pero Pablito se encogió de hombros.

Llevamos nuestras bandejas a una mesa del rincón. Isabel y yo comenzamos a comer apenas nos sentamos, pero Pablito no. Fue como si tuviera que pensar un momento antes de comer.

Mientras comíamos, le conté a Isabel toda la conversación que Pablito y yo habíamos tenido con el Sr. Mendoza después de clases, y cómo habíamos hablado de relaciones.

—Las relaciones favoritas para mí son las comparaciones —dijo Isabel—. Siempre que se comparan las cosas, se están señalando relaciones.

Pablito tenía la boca llena de porotos. Le dije a Isabel, —No te entiendo.

—Quiero decir —respondió—, que si yo digo, 'Lorena corre más rápido que Quena', estoy hablando de una relación, porque estoy comparando a Lorena con Quena en términos de velocidad.

—Ya veo —le dije—. Si yo digo, 'El comedor es más grande que mi pieza', estoy comparando las dos piezas en términos de tamaño.

Pablito sacó un lápiz y un pedazo de papel roto de su bolsillo. Se metió la goma del lápiz a la boca mientras pensaba. Luego escribió, "Esta mañana fue tan larga como el Amazonas".

Arrasé con los últimos porotos de mi plato y dije —Pablito, parece que no comprendes. No puedes comparar la mañana con un río; son dos cosas diferentes. Una es de tiempo y la otra… la otra es de espacio.

—Pero los dos *son* largos —dijo Isabel después de una pausa.

—¡Claro! —dije—. Pero de modos diferentes.

Cuando regresamos a la sala de clases, le contamos al Sr. Mendoza nuestra conversación en el comedor.

—Déjenme ver si los puedo ayudar —dijo el Sr. Mendoza—. Cuando comparamos el helicóptero de Nano con un helicóptero real, ¿qué dijimos?

—Llamamos al helicóptero de Nano un *modelo*, que es una réplica del original —dijo Isabel—, porque las partes de los dos helicópteros eran iguales, y tenían las mismas relaciones.

—Muy bien —dijo el Sr. Mendoza—. Luego, ¿qué dijimos del mapa de Chile?

Yo contesté, —Que tenía las mismas relaciones como las que tiene el país, y por eso se llama una *analogía*.

—Pero usted nos dijo que hay relaciones exactas —dijo Isabel—. Si yo dijera, 'Hay dos niños en este curso por cada tres niñas', ¿cómo se llama eso?

—Eso se llama una proporción —dijo el Sr. Mendoza—. Lo que tú dijiste sería una proporción de 2 a 3. Podemos usar proporciones en las analogías. Podríamos decir, por ejemplo, que 2 es a 3 como 4 es a 6.

Isabel me dijo en voz baja —Ves, en las analogías se dice 'como'.

Yo le dije al oído, —No. No es eso. Es solo que 'igual' es una palabra usada por los niños, y 'como' es una palabra usada por los adultos.

Me volví al Sr. Mendoza y dije —Sr. Mendoza, ¿qué pasa cuando uno dice que dos cosas son iguales, y sin embargo, uno sabe que son dos cosas distintas y que son iguales solo de una manera pequeñísima?

—Bueno —respondió—, eso es lo que Pablito hacía cuando escribió la oración 'Esta mañana fue tan larga como el Amazonas'. Pablito quería decir que la mañana y el Amazonas eran semejantes respecto al largo.

—Entonces, ¿cómo se llama algo así? —preguntó Isabel.

–Una *similitud* –dijo el Sr. Mendoza–. Todavía sería similitud si Pablito hubiera escrito solamente, 'La mañana fue como el Amazonas'.

–Pero suponga –dije–, suponga que alguien tiene dos cosas distintas, y dice que una de ellas es la otra. Por ejemplo, supongamos que yo dijera, 'Jaimito *es* un chancho'. No solamente que Jaimito come como lo hace un chancho, porque sé que esa sería una similitud, sino que Jaimito es un chancho. ¿Qué sería eso?

–Eso es lo que llamamos una *metáfora* –dijo el Sr. Mendoza.

Pablito fue al pizarrón y escribió, "Modelos, analogías, proporciones, similitudes, y metáforas. ¡Basta por hoy!".

Isabel me miró y dijo –¡No solo basta! ¡Es demasiado! ¡Pablito es demasiado también!

Pablito alcanzó a oír a Isabel y volvió al pizarrón. No estoy segura, pero creo que lo escuché reírse.

✳ ✳ ✳

Un poco antes de la cena, dije que me gustaría acostarme muy tarde esa noche. Me dijeron que no podía, así que hice un escándalo.

Después del escándalo, quedé de mal humor. Me senté a la mesa haciendo pucheros. No le hablaría a nadie. No comería nada tampoco, todo para hacer sufrir a los demás.

Amanda dijo –Hay niños por todo el mundo muriéndose de hambre, y tú no te comes los tallarines preparados con queso. ¡No sabes la suerte que tienes, y esa es la verdad!

¿Y qué si es la verdad? Solo porque algo es verdadero, ¿es una razón para tener que escucharlo?

Entonces mi papá trató de cambiar el tema de la conversación. Dijo, –¿Qué tal te fue en el colegio hoy, Pixy?

Eso me hizo sentir mejor porque fue un día regio para mí. Murmuré, –Aprendí todo lo de los modelos.

Papá trató de hacer un chiste, –¿Quieres decir que aprendiste lo de esas personas que se fotografían para las tapas de las revistas?

–Ay, papi –dije–, no de ese tipo de modelos. Quiero decir modelos de aviones y de monstruos. También conversamos de metáforas, de analogías y de similitudes.

Él dijo –Ah, *¿de veras?* ¡Qué tal! Cuéntame qué significan todas esas palabras tan grandes.

–Bueno –le dije–, cuando decimos que algo es otra cosa, esa es una *analogía*. Cuando decimos que algo es *como* otra cosa, es una metáfora. Y cuando comparamos las relaciones de una cosa con las de otra, esa es una *similitud*.

¿Has tenido alguna vez la sensación, mientras hablabas, de que lo que decías era todo equivocado? Así es como me sentí cuando le explicaba a mi papá lo que había aprendido. Él no dijo nada; parecía que se atragantaba con los tallarines. Mi mamá se levantó para traer la ensalada del refrigerador.

Pero Amanda me hizo pasar un mal rato, y tuve que discutir con ella durante toda la comida. Cuando tú sabes que estás equivocado, discutir con alguien no es nada divertido. Es mucho, muchísimo peor cuando la otra persona toma *tus propias ideas* para comprobar que tú no sabes nada de lo que hablas.

Para rematar la discusión, Amanda me dijo –¡Pixy, eres una gansa!–. Es una fresca, ¡decir eso cuando fui *yo* misma quien le contó a *ella* todo lo de las metáforas!

❊ ❊ ❊

CAPÍTULO SÉPTIMO

El sábado por la tarde, mis padres tuvieron que visitar al jefe de mi papá que estaba hospitalizado. Dijeron que no nos querían llevar, ni a Amanda ni a mí. Nosotras dijimos —Bueno, nos quedamos en casa. De todos modos, ¡no queríamos ir!

Al salir, mi mamá dijo —Recuerden, pues, estarán aquí solas. No quiero que dejen entrar a nadie. ¡Esa es una regla que no deben romper jamás!

Dijeron que estarían de regreso en dos o tres horas. Mi papá me acarició la cabeza, y se fueron.

Bailé alrededor de la mesa de la cocina, y Amanda me dijo, —¿Qué pasa contigo?

—¡Somos libres! —grité—. ¡La casa es nuestra!

—Estás loca —dijo Amanda—. Nada ha cambiado. Tú sabes perfectamente bien que tenemos reglas en nuestra familia, y son las mismas aunque papá y mamá no estén aquí.

—Libre, libre, libre —canté—. ¡Libre, libre, libre! ¡Todo es posible!

Amanda arrugó la nariz como de costumbre, y dijo —Me enfermas.

Yo dije —Iré directo al closet de mamá. Me pondré su vestido de gala, ese que llega al suelo.

—Te hará desaparecer— dijo Amanda, y en seguida agregó —pero, ¡quizás eso nos venga bien!

En ese momento alguien llamó a la puerta. No quité el seguro, solo pregunté —¿Quién es?—, y oí a Isabel decir —Soy Isabel, y Carmencita está conmigo.

Amanda dijo —Pixy, tú sabes lo que dijo mamá. No debemos dejar que entre *nadie*. ¡Las reglas son reglas!

—¡Pero mamá no quiso decir que no dejáramos pasar a personas que *conocemos*! —insistí.

Amanda dijo —Hay mucha gente rara que conocemos y a quienes mamá no nos permitiría que dejáramos pasar.

Isabel llamó desde el otro lado de la puerta, —Pixy, no te preocupes por nosotras. Solo venimos a saludarte. ¡Nos veremos mañana!

No quería una gran discusión con Amanda. Así que me fui al closet de mamá, me senté en el suelo entre los zapatos, mientras pensaba en mi criatura misteriosa y en mi cuento misterioso. Me decía a mí misma, "¡Si lo puedes imaginar, este es el único lugar donde libremente puedo ser quien soy!".

✳ ✳ ✳

De alguna manera pasó el domingo, el lunes y el martes. Al fin, llegó el miércoles… ¡el miércoles, que era el día del paseo al zoológico!

Todos trataban de adivinar la criatura misteriosa de los demás. Isabel y yo nos encontrábamos inmediatamente detrás de donde estaba sentado Pablito. Él no sabía que estábamos allí. Abrió su libro un poco, miró algo, y rápidamente lo cerró. Pero yo divisé una tarjeta que Pablito llevaba en el libro… ¡el recorte de un animal! Era la foto de una jirafa.

Tomé del brazo a Isabel y salimos de allí. Le dije al oído, —Esa debe ser la criatura misteriosa de Pablito. ¿Por qué diablos tendría alguien interés en una jirafa fea, vieja y con un pescuezo tan largo?

—Pixy —me dijo Isabel—, olvídalo. No te importa.

En ese instante, Nano –el que siempre me molesta– me llamó desde el otro lado de la sala. –Oye, Pixy, yo sé cual es *tu* criatura misteriosa: es un mam…

Grité con toda mi fuerza, y Nano se quedó con la palabra en la boca. Parecía como si hubiera sufrido un shock nervioso. El Sr. Mendoza se puso furioso. –¿Qué pasa aquí?– quiso saber.

Se me apretó la garganta. Solo pude decir –Él… él dijo…

Nano trató de explicar: –Solo quería molestarla un poco, Sr. Mendoza, es verdad. Iba a decirle a todos, que la criatura de Pixy era un mamut, porque todo el mundo sabe que ya no hay mamuts, ¡ya no existen!

No puedo decir cuánto mejor me sentí cuando Nano explicó lo del mamut. Y en este momento yo no puedo decir *por qué* me sentía mejor. Le dije a Isabel, –Me pareció muy divertido descubrir cuál era la criatura misteriosa de Pablito, pero no me pareció nada de divertido cuando creí que Nano había descubierto la mía.

❉ ❉ ❉

–Sr. Mendoza –preguntó Raúl–, hoy en la tarde cuando estemos en el zoológico, ¿podemos ir a donde queramos, o tenemos que quedarnos todos juntos?

–Me alegro que hagas esa pregunta, Raúl, porque esa es una regla en la que tengo que insistir. Tenemos que quedarnos juntos–. El Sr. Mendoza frunció las cejas cuando lo dijo. Era su manera de mostrarnos que hablaba en serio.

–¿Es esa regla una regla del zoológico? –preguntó Catalina–. ¿O es una regla de la escuela?

El Sr. Mendoza dijo –Es una regla de la escuela–. Luego agregó, –El zoológico tiene sus propias reglas. Las verán si leen los letreros.

—Es cierto —dijo Quena—. Como 'No tocar las rejas de la jaula del león', y 'No dar de comer a los osos polares'.

—Sr. Mendoza —dijo Roberto—, no somos guaguas. Nos podemos cuidar solos. ¿Por qué tenemos que tener reglas para todo?

—No es un asunto de cuántos años tengan, Roberto —dijo el Sr. Mendoza—. Hay reglas tanto para los adultos como para los niños. Piensa en las reglas de la gramática. Se aplican a todos. Por ejemplo, un sujeto en plural tiene que tener un verbo que le corresponda. No sería correcto decir, 'Los perros *está* sentados en el pasto'. Tengo que decir, 'Los perros *están* sentados en el pasto', porque debo seguir las reglas gramaticales.

—Es lo mismo que si estuvieras jugando un juego, Roberto —dijo Quena—. No hay juego sin reglas.

—Cada materia que estudiamos tiene sus reglas —dijo Gerardo.

—¿Como qué? —Tomasito quería saber.

El Sr. Mendoza fue a la pizarra y escribió los títulos en cinco columnas: Ciencias Sociales; Ciencias Naturales; Castellano; Educación Física; Matemáticas. Luego dijo —Bueno, ¿quién me puede dar ejemplos de reglas de cada una de estas asignaturas?

Isabel dijo —Es una regla de la geografía que un mapa debe estar hecho exactamente igual al lugar del cual es el mapa.

—En las matemáticas —dijo Raúl—, es una regla que, cuando números iguales se suman a números iguales, los resultados son iguales.

—En la educación física —dijo Lorena—, es una regla que se debe dar transpiración artificial a una persona que se ahoga.

—*Respiración* —dijo el Sr. Mendoza.

–Respiración –repitió Lorena.

–En las ciencias naturales aprendemos que la gente no debe echar substancias venenosas en los lagos y ríos –dijo Tomasito–. Esa es una regla.

–Y en la gramática –dijo Quena–, aprendemos que los signos de interrogación encierran preguntas y que los signos de exclamación encierran las frases exclamativas.

–Está muy bien –dijo el Sr. Mendoza.

–Espérense un momento –dije yo–. No estoy tan segura acerca de lo que dijo Raúl.

–¿Qué hay con lo que yo dije? –preguntó Raúl–. Es la verdad, ¿no?

–Claro que sí. Es la verdad –le dije–. Pero, ¿qué es una regla? Por ejemplo, cuando recibimos un nuevo juego de mesa, primero leemos las reglas porque las reglas nos indican cómo se juega. Así que las reglas nos dicen cómo debemos comportarnos. Pero lo que tú acabas de decir nos indica cómo actúan los números; no nos dice cómo debemos actuar nosotros.

El Sr. Mendoza dijo –Creo que Pixy tiene razón, Raúl. Lo que tú nos dijiste realmente no era una regla, sino un *principio* de las matemáticas.

Lorena levantó la mano. –Sr. Mendoza, ¿qué tenemos en la ortografía, reglas o principios?

–No es fácil responder tu pregunta –dijo el Sr. Mendoza–. Y hablando de la ortografía, entreguen ahora su tarea de ortografía, por favor.

Oí a Lorena decir en voz baja a Roberto, –¡Ah, lo pillé!

Yo no estaba segura si estaba de acuerdo con Lorena o con Roberto.

Pero justo al terminar con la ortografía, fue la hora de subir al bus que nos llevaría al zoológico.

✳ ✳ ✳

El bus saltó durante todo el camino, sobre todo la parte trasera donde Isabel y yo nos sentamos… o saltamos. El Sr. Mendoza se sentó solo en uno de los primeros asientos.

El viaje al zoológico fue muy largo. Tomasito y Nano estaban muy chacoteros, pero después de un rato, hasta ellos se cansaron.

Luego Lorena dijo, –Sr. Mendoza, estoy preocupada del cuento que tenemos que inventar. ¿Cómo podemos inventar un cuento bueno, si jamás hemos escrito uno?

El Sr. Mendoza se volvió para poder vernos a todos, y dijo, –Tienes razón, Lorena. Y como no tenemos nada que hacer ahora, ¿por qué no usamos el tiempo para inventar algunos cuentos, y los contamos?

La mayoría de nosotros reclamamos, especialmente Tomasito y Nano que iban recostados en los asientos traseros del bus. Lorena dijo –Sr. Mendoza, no sabríamos ni cómo empezar.

–Supongan que les pidiera inventar el cuento más increíble que pudieran imaginar. ¿Podrían hacerlo?

Roberto dijo –No. No sabría cómo inventar un cuento como ese.

El Sr. Mendoza miró por la ventana a un camión grande que pasaba. –Ya sé lo que haremos –dijo después de un momento–. Les daré un problema, y veremos quién puede resolverlo.

–¿Cuál es el problema? –preguntó Guillermina.

–Bueno –dijo el Sr. Mendoza–. Quiero que ustedes se imaginen que hay una visita aquí con nosotros, aquí mismo, en el bus. Quiero que se imaginen que es un caballero, y que está sentado aquí a mi lado.

Esto me parecía divertido. Me reí un poco y pregunté,
–¿Hay algo especial en ese caballero?

–Claro –dijo el Sr. Mendoza–. Se creó recién. Solamente apareció aquí. Así no más.

–¿Cómo se llama? –preguntó Gerardo.

–Adán –contestó el Sr. Mendoza.

–¿Sabe algún idioma? –preguntó Roberto–. ¿Puede hablar?

–Sí, conoce las palabras y sus significados, y puede hablar. Pero, no tiene recuerdos porque apenas comenzó a existir hace un momento.

Entonces el Sr. Mendoza se dirigió al asiento desocupado a su lado y dijo, –Adán, este es nuestro curso. ¡Saluden a Adán, niños!

Todos gritamos lo más fuerte posible –¡Buenos días, Adán!

–Ahora, Adán –siguió el Sr. Mendoza–, lo que ves delante de ti son estudiantes. Niños, si yo le preguntara a Adán qué es lo que hacen los estudiantes, ¿qué respondería él?

–Diría que estudiamos –contestó Isabel–. Podría llegar a eso, solo con oír la palabra 'estudiante'.

–¡Ja, ja! –se rió Nano–. ¡Él no nos conoce!

–Pues, bien –dijo el Sr. Mendoza–. Vamos a la pregunta más importante. Supongamos que Adán los señalara con el dedo, y me preguntara '¿De dónde vienen ellos?'. Y supongamos que yo quiero tomarle el pelo inventando el cuento más increíble que pudiera imaginar, ¿qué le contestaría?

Pensamos y pensamos. Al fin, Roberto levantó la mano y dijo –Yo sé. Le diría que hubo un tiempo en que éramos tan altos como las montañas, pero que nos fuimos encogiendo de a poco hasta alcanzar el tamaño que actualmente tenemos.

Todos nos reímos, y estuvimos de acuerdo en que el cuento de Roberto era totalmente increíble.

Entonces yo levanté la mano y dije —Sr. Mendoza, yo tengo otro cuento diferente que podría contarle a Adán. Podría decirle que una vez fuimos muy, muy chiquitos… solo puntitos. Y que fuimos creciendo un poco cada día hasta llegar al tamaño que tenemos actualmente.

—Pero, Pixy —protestó Tomasito—, debemos inventar cuentos *increíbles*, ¡y ese cuento es *verdadero*!

Le dije —Tomasito, no *importa* si es verdadero o no. Lo que es verdadero puede ser tan difícil de creer como lo inventado. ¡Y te lo puedo probar!

—¿Cómo? —preguntó Tomasito.

—Preguntándole a Adán. Adán, ¿cuál de los dos cuentos es más increíble, el de Roberto o el mío?

Hubo un gran silencio en el bus. Al fin, Lorena preguntó, —¿Qué dice Adán, Sr. Mendoza?

El Sr. Mendoza contestó —Dice que Pixy tiene razón, Lorena. Dice que uno de los dos cuentos es tan increíble como el otro.

Justo en ese momento el bus llegó al portón del zoológico.

CAPÍTULO OCTAVO

Cuando llegamos al zoológico, el Sr. Mendoza dijo que primero visitáramos las aves. Había toda clase de hermosas aves, de muy variados colores. Realmente, pero *realmente*, yo no tenía mucho interés en ellas porque sabía que no iba a encontrar lo que vine a buscar si me quedaba en la sección de las aves.

Pero algunos niños del curso encontraron allí lo que buscaban, porque yo pude ver que Quena no se alejaba del inmenso papagayo viejo. Y allí estaba Tomasito mirando a un grupo de flamencos, y todos se paraban sobre un solo pie, también Tomasito.

Era la hora del almuerzo, así que entramos a un kiosco donde había mesas, y sacamos los sándwiches. Algunos del grupo se comieron todo lo que habían traído en un minuto. Ricardo les dio casi la mitad de su comida a unas palomas que se nos acercaron.

Los niños que terminaron rápidamente con su almuerzo se pusieron inquietos y querían arrancarse otra vez, pero el Sr. Mendoza dijo —Pueden caminar por aquí cerca si quieren, pero no más allá de donde los pueda ver. Recuerden que todos tenemos que permanecer juntos.

Isabel y yo vimos a Pablito que caminaba por una de las veredas y decidimos seguirlo, ocultándonos para que no nos viera. Pronto llegó a un pequeño lugar cercado. Se detuvo, y apretó su cara contra las rejas.

Al principio, no podíamos ver lo que Pablito miraba. Pero luego vimos lo que *era*: una jirafita. Sus rodillas parecían grandes nudos. Sus ojos eran algo bizcos, y caminaba en forma algo desequilibrada.

La jirafa se acercó más y más a Pablito. Él le extendió sus brazos. La jirafa no se asustó. Se acercó más y más, hasta que estuvo justo delante de él.

Entonces la jirafa se agachó hasta Pablito y le hizo algo así como una caricia en la frente. Su nariz estaba mojada, así es que le dejó una mancha húmeda en la frente. Luego, la jirafa dio un paso hacia atrás. Seguía mirándolo.

¿Y sabes lo que hizo Pablito? *¡Le habló*! ¡Le habló a la jirafa! ¡Lo escuchamos!

Lentamente le dijo, –¡Tú eres… tan… hermosa!

La jirafita se fue galopando. Pablito se dio vuelta –no nos vio– y regresó al grupo.

¿Puedes imaginarlo? Tantos años sin decir nada, y cuando al fin habla, ¡le habla a una jirafa! ¡A una *jirafa*!

No te puedo decir cuántas veces traté de lograr que me hablara a mí. Nunca lo hizo. Y luego va y le dice a una fea y estúpida jirafa ¡que es muy hermosa!

Ya el grupo se preparaba para comenzar la siguiente parte del paseo al zoológico. Yo quería ver si Pablito me contestaría moviendo la cabeza o con palabras, así es que le pregunté –Pablito, ¿encontraste a tu criatura misteriosa?

Él dijo –Sí–, como si no tuviera nada de particular que estuviera hablando.

–¡Pablito! –le dije casi a gritos–. ¡Estás hablando!

Él movió la cabeza diciendo que sí, pero no me miraba a mí, miraba a un oso panda.

Eso me molestó un poco, así es que le dije –Pablito, ¿qué fue lo que te hizo *dejar* de hablar?

–Nunca dejé de hablarle a los animales –respondió.

–¡Oh! –dije–. Entonces, ¿fue a las personas a quienes no les podías hablar? ¿Por qué?

–Cuanto más hablaban ellas, menos hablaba yo –dijo Pablito–. Cuanto más fuerte gritaban, más callado me puse.

–Así es que después de un tiempo no querías hablar para nada, ¿verdad?

–Así es. Además, a nadie le importaba lo que yo decía, fuera lo que fuese.

–Pero, ahora estás hablando. ¿Crees que ahora sí importa?

Lo único que dijo Pablito fue –Quizás–, y se fue a ver a las cebras.

El hecho de que Pablito estuviera hablando de nuevo hizo que me sintiera muy bien. También me sentía muy contenta porque él me había hablado a mí primero. Quiero decir que yo fui la primera, después de la jirafa.

Por supuesto, yo *nunca* dejo de hablar, y así jamás tengo que tomar la decisión de hablar de nuevo o no.

❋ ❋ ❋

Me dije, "Pixy, todavía tú no has encontrado tu criatura misteriosa. ¡Debes prestar más atención a los letreros o no vas a encontrarla nunca!".

De repente me dije "¡Lo único que tú sabes de ese animal es el *nombre*! No sabes realmente qué aspecto tiene. ¿Cómo lo reconocerías si lo vieras?

En eso me di cuenta de lo tonta que había sido. Debería haber buscado a mi criatura misteriosa en la enciclopedia o en un libro sobre animales.

No me quedaba más que leer cada uno de los letreros del zoológico. Pasamos de una jaula a otra. También había algunas grandes exhibiciones afuera, en los patios. Recorrí cada lugar de un lado a otro con mucha prisa, buscando el letrero que me indicara si ese animal era mi criatura misteriosa o no.

Después de un rato, comencé a darme cuenta de que todos los del curso –todos menos yo– ya habían encontrado lo que vinieron a buscar.

El Sr. Mendoza nos preguntó si habíamos encontrado a nuestras criaturas misteriosas, y yo tuve que admitir delante de todos los demás que todavía no había hallado la mía. Además, ya había pasado casi la mitad de la tarde. Dentro de poco el Sr. Mendoza nos diría que era la hora para regresar a casa.

¿Qué pasaría si tuviéramos que partir y todavía yo no hubiera encontrado a mi criatura misteriosa?

Me dije, "¡Debo haberla pasado por alto! ¡Tengo que quedarme aquí hasta encontrarla, aunque tenga que recorrer todo el zoológico otra vez sola!".

Me aparté del resto del curso sin que nadie se diera cuenta. Pensé que podría reunirme con ellos en el bus.

Lo primero que hice fue preguntarle a un guardia acerca de la criatura que yo buscaba. ¿Sabes lo que hizo él? Señaló con el dedo a un gorila y dijo, –¡Ahí tienes uno!–. ¡Me sentí completamente frustrada y desilusionada! Ahí estaba este caballero, un guardia del zoológico, y ¡no podía diferenciar entre mi criatura misteriosa y un gorila!

Me dije "Pixy, no vale la pena preguntarle a la gente. ¡Ni los guardias del zoológico lo saben! Debes rendirte; nunca la encontrarás". Fue entonces cuando me senté en un banco y empecé a llorar. ¡Sabía que *nunca*, pero nunca podría regresar y admitir frente al curso que mi criatura misteriosa no estaba en el zoológico!

Y allí fue donde el Sr. Mendoza y los del curso me encontraron. Sentada en el banco con las rodillas recogidas tapándome la cara para que no me vieran llorar. El Sr. Mendoza nos llevó a un lugar donde había césped y sombra, y todos nos sentamos en rueda.

El Sr. Mendoza dijo –Pixy, yo creía que habíamos acordado permanecer todos juntos. ¿Cómo es que tú te fuiste sola?

Yo solo sollozaba y no dije nada.

–¿Pudiste encontrar tu criatura misteriosa? –me preguntó.

Sacudí la cabeza diciendo que no, y seguí llorando con más ganas.

–¿Puedes decirme su nombre? –preguntó el Sr. Mendoza.

Tragué y traté de dejar de llorar, pero no pude. No le contesté. Luego dijo –¿Puedes decirme algo acerca de tu criatura misteriosa? ¿Cómo pensabas reconocerla cuando la vieras?

Entonces ya comenzaba a sentirme mejor. Logré decir entre sollozos, –Solo sé que las mamás dan de mamar a las crías, y que son de sangre caliente, y que los huesos están adentro de sus cuerpos, y que nacen vivos.

El Sr. Mendoza se inclinó hacia mí y me dijo al oído –¿Era un mamífero tu criatura misteriosa?

–¡Eso es! ¡Eso es! –casi grité–. ¡Lo adivinó! ¡Entonces *existe* ese animal! ¡Un mamífero!

Se sintió un murmullo entre algunos niños del curso, pero el Sr. Mendoza les hizo una seña y se callaron. Entonces se volvió a mí y dijo, –Había muchos mamíferos aquí hoy, Pixy. Solamente que tú no sabías que eso es lo que son. De hecho, ¡algunos de ellos hasta compraron entradas!

Lo que decía no tenía ningún sentido para mí, así que no dije nada. Luego preguntó a los demás, –¿Hay alguien aquí que pueda ayudarle a Pixy con su problema?

Trataba de enjugarme las lágrimas y no podía ver, pero escuché a alguien decir en voz baja —Quizás yo pueda, Sr. Mendoza—. Era Isabel.

—Pixy —dijo Isabel—, ¿recuerdas cuando nos visitaste en nuestro departamento y hablamos de la familia?

Moví la cabeza de arriba para abajo para decir que sí.

—Bueno —dijo Isabel—. Una familia se compone de parientes, ¿verdad? Quiero decir que está hecha del papá, de la mamá y de los hijos, ¿no es cierto?

Me froté la nariz con el revés de mi mano y dije —Sí, está bien, y ¿eso qué?

Parecía que a Isabel le costaba encontrar las palabras adecuadas. Me daba cuenta de que no se sentía muy segura de sí misma. Al fin dijo, —Estuvimos de acuerdo en que si no hay parientes, no habría eso que llamamos 'familia'. Sucede lo mismo con la palabra 'mamífero'.

—Oh, ¡ya entiendo! —le dije—. Quieres decir que hay un grupo de animales que son parientes todos, unos con otros. Pero no decimos que todos pertenecen a la misma familia. Decimos que pertenecen al mismo mamífero.

El Sr. Mendoza cerró los ojos, como si no se sintiera muy bien. Luego los abrió y dijo —¡No, Pixy, no! La palabra 'mamífero' no es un término que signifique familia; es un término que significa *clase*.

Nos dimos cuenta que el Sr. Mendoza estaba un poco molesto, y nadie dijo nada en ese momento. Luego Nano dijo, —¿Qué quiere decir *eso*?

—¡Yo sé! —dijo Guillermina—. Todos aquí somos alumnos; por lo tanto, componemos una clase. Pero no somos parientes unos con otros. Solamente hay una cosa que tenemos en común: todos somos alumnos.

—Así es —dijo Gerardo—. Todas las personas pelirrojas que hay en el mundo componen la clase de la gente pelirroja.

—Todavía no entiendo —dije.

Entonces Lorena dijo —Pixy, ¿no lo ves? Todos nosotros somos alumnos que forman una clase. Pero la clase que formamos no es una alumna.

—Además —agregó Catalina—, la clase de la gente pelirroja no es una pelirroja.

—Entonces —dije yo—, la palabra 'mamífero' es el nombre de una clase…

—…la clase de las criaturas que dan de mamar a su cría —dijo Roberto.

—Está bien —estuve de acuerdo—, pero la clase misma de mamíferos no es un mamífero—. En ese instante me enojé y grité —Entonces, *¿hay* o *no hay* mamíferos?

Tuvieron que comenzar de nuevo, a explicármelo todo, por segunda vez. Muy pronto me cansé de oír cómo la clase de patos no puede nadar y cómo la clase de palomas no puede volar, y cómo la clase de mamíferos no puede dar de mamar a su cría.

Seguí discutiendo hasta que Pablito dijo —Pixy, *todos* los mamíferos del zoológico eran tu criatura misteriosa. Tuviste más que cualquiera de nosotros.

Pero yo solo podía pensar en que mi criatura misteriosa volvió a ser casi nada. Solo el nombre de una clase y no algo vivo y peludo, con una nariz mojada y con los ojos suaves, de color café.

Isabel me dijo —No te preocupes, Pixy. Todavía tienes el cuento misterioso que cada uno tiene que inventar. Y, ¡apuesto a que tú vas a inventar el mejor cuento de todo el curso!

Eso fue muy bueno de parte de Isabel porque yo comencé a pensar en mi cuento. Y me dije, "Tuve un fracaso tan grande con mi criatura misteriosa que *¡tengo que* hacer este cuento lo mejor posible! ¡Quiero inventar un cuento que jamás olviden! Pero, ¿cómo?". Y así empecé a pensar en cómo podía cambiar mi cuento, para hacerlo mejor.

✳ ✳ ✳

Después de la comida, esa noche, pensaba en lo que le diría a mi mamá de lo que había aprendido acerca de los mamíferos, y cómo las familias son diferentes de las clases. Pero no había tomado en cuenta a la gata. Ella me confundió de nuevo.

Nuestra gata, Traviesa, tiene tres gatitos –Medianoche, Blanquito y Mezclita–. Cuando quiere que se acerquen, ella hace un ruido que es mitad susurro y mitad gruñido, y los gatitos vienen, corriendo.

Yo hago el mismo ruido cuando quiero sentarme en las rodillas de mi mamá. Ella me dice que ya soy demasiado grande, pero yo digo que no. Soy casi la más pequeña de mi curso, y todos se sientan en las faldas de sus mamás. *¡Todos!*

–Mami, aprendimos que se puede distinguir un mamífero por la manera en que le da de comer a su cría. Los mamíferos dan de mamar a la cría. Las aves les dan lombrices –dije.

–Es cierto –me dijo–. Traviesa es un mamífero porque da de mamar a sus gatitos.

–Y Traviesa es una hembra, y también lo es Mezclita, pero Blanquito y Medianoche son machos.

–Así es.

–¿Quiere decir eso, mami, que Blanquito y Medianoche no son mamíferos?

–¿Por qué no, Pixy?

–Porque los machos no dan de mamar a su cría.

–¡Oh, Pixy! –dijo mi mamá, y me dio un fuerte abrazo–. ¡Son machos y hembras, de la misma especie!

Simplemente no comprendí, y comencé a llorar, porque pensé que *nunca* entendería, y se hace difícil cuando uno cree que nunca va a entender algo. Mojé con mis lágrimas el cuello de mi mamá. Ella sacó su pañuelo y me limpió la nariz.

—Mamá —dije—. ¿Cómo es que mis lágrimas salen calientes, pero el moco sigue frío?

—Pixy —dijo mi mamá—, ¿cómo es que en el baño hay dos llaves, una para el agua caliente y otra para el agua fría?

—Yo te hice una pregunta y me contestaste con otra pregunta —me quejé.

Mi mamá no decía nada. Solo me mecía.

Luego dije —Mamá, ¿por qué… por qué la palabra 'mamífero' suena tanto como 'mamá'?

—Porque ambas palabras parten del hecho de que los mamíferos hembras dan de mamar a su cría.

—Mamá, hoy dije a Isabel que la palabra correcta es 'mamá', y ella dijo que 'mami' también es correcta. ¿Tiene razón ella, o la tengo yo?

—Las dos tienen razón. Se puede usar cualquiera de las dos palabras.

—Y ella dijo que llama 'papacito' a su padre, y yo le dije que yo le digo 'papá' o 'papi'. ¿Está bien decir cualquiera de las tres?

—Yo creo que sí —dijo mi mamá—. No estoy segura.

—Mamá —le dije—, ¿por qué no hay nada que sea sencillo?

—Para hacerte pensar, querida —respondió—. Te gusta pensar, ¿no es cierto?

—Puchas —dije—. ¿Qué sé *yo*? Nunca he pensado en eso.

Eso fue lo que conversamos mi mamá y yo esa tarde, cuando regresé del paseo al zoológico. Y esa noche, después del paseo, me enfermé.

CAPÍTULO NOVENO

No fui yo la única que se enfermó esa noche. Amanda se enfermó también. Mi mamá pensó que era algún virus. *Nosotras* pensábamos que pudo haber sido algo que habíamos comido. De todos modos, ¡estábamos muy enfermas!

Primero, vomité yo. Después Amanda saltaba de la cama tapándose la boca con su mano y corriendo como loca hacia el baño.

Incluso, una vez las dos corrimos juntas hacia el baño y nos dimos un cabezazo justo encima de la taza.

Nos dolían los huesos y teníamos un espantoso dolor de cabeza (¿o teníamos distintos dolores de cabeza? No estoy segura. Si tuvimos el mismo virus, ¿no podríamos haber tenido el mismo dolor de cabeza?).

Una vez, en la noche, nos sentimos tan mal que nos dábamos vueltas y vueltas en la cama, y solo nos quejábamos. Me agarré la guata y dije, –¡Me estoy muriendo!

Amanda me contestó –¡Dichosa tú!

A la mañana siguiente, nos sentíamos un poco mejor. Todavía estábamos débiles, pero no teníamos tanto dolor. –Levántense y vístanse –dijo mi mamá–. Las voy a llevar al médico.

Comenzamos a quejarnos. –¡Mami! ¿Por qué no puede venir el Dr. Ríos a la casa?

Mi mamá solo dijo –¡Qué chistoso!

La sala de espera de la clínica estaba llena de padres con sus hijos. Nos dedicamos a leer una revista vieja para niños, y que ya habíamos leído antes, cuando esperábamos turno en el dentista. Luego, nos llamaron la atención los pececitos de colores del pequeño acuario, y miramos por la ventana la lluvia que caía sobre el auto del doctor.

Por fin, la enfermera nos dijo que pasáramos. Nos llevó a la pieza donde el doctor no estaba (él tenía dos piezas, y mientras examinaba a algunos niños en una, había otros niños en la otra, vistiéndose o quitándose la ropa).

No era la primera vez que íbamos a ver al Dr. Ríos, pero por una razón u otra, cuando la enfermera nos dijo que nos preparáramos para que el doctor pudiera examinarnos, nos tentamos de risa y no podíamos dejar de reírnos.

Quiero decir que no pudimos dejar de reírnos hasta que entró el Dr. Ríos. En ese momento Amanda se puso muy seria de repente, y yo comencé a lloriquear. –Me va a recetar una inyección, ¿verdad, Doctor? –le dije entre sollozos.

–Solamente si es necesario –dijo el doctor.

–¡Será necesario! –grité–. ¡Va a ver! ¡Tendrá que ponérmela!

El Dr. Ríos me dio algunos golpecitos en el pecho y dijo, –Tal como te portas, jamás podría adivinar que tienes solo nueve años.

Entonces me dio unos golpecitos en la espalda, escuchó con el estetoscopio, y dijo –Muchos niños de doce años no se portan tan bien como tú.

–Está burlándose de mí –gruñí.

–Abre la boca– me dijo, y metió ese palito bien para abajo en mi garganta. Pensé para mis adentros, "Menos mal que no me queda nada que vomitar".

Al fin el doctor nos dijo que nos vistiéramos, y le dijo a mi mamá que debíamos quedarnos en casa por varios días.

–Solamente quiero saber si es contagioso –le dije yo.

El Dr. Ríos dijo que no.

–¡Qué bien! –dije–. ¡Entonces puedo recibir visitas!

✳ ✳ ✳

Yo creí que Amanda y yo íbamos a estar mejor al otro día. Pero no lo estábamos. De hecho, ¡tuvimos que guardar cama por cinco días! ¡*Cinco* días! ¡Imagínate!

Lo primero que se me ocurrió fue que yo no estaría en el colegio cuando todos los del curso contaran sus cuentos misteriosos. ¡Iba a perderme los cuentos, y me iba a perder contar el mío!

Esa noche, cuando mi papá me preguntó cómo me sentía, le dije –¡Pésimo!–. Pero, en parte me sentía pésimo porque no podía contar mi cuento.

–Si es eso lo que te hace sentir tan mal –dijo mi papá–, ¿por qué no invitas a tus compañeros a la casa para que puedas contarles tu cuento aquí?

–Oh, papi –le dije, dándole un beso grande y bien ruidoso–. ¡Eso sería maravilloso! ¡Voy a llamar a Isabel al tiro y decirle que invite al curso entero para que vengan aquí por la tarde!

Llamé a Isabel y le dije, –Isabel, por favor, pregúntales a todos los del curso si pueden venir a mi casa mañana en la tarde, después de clases, para que yo pueda contarles mi cuento.

–Puchas, Pixy –dijo Isabel–, jamás pasará tal cosa. Los chicos tienen que regresar a sus casas en micro, o tienen algo que hacer en la casa. Dirán, '¿Por qué no espera Pixy hasta que regrese al colegio? ¿Por qué tenemos que ir a su casa solo para oír su cuento?'. Y, ¿qué les puedo decir?

–Isabel –le dije–, tú eres mi amiga. Y yo estoy enferma. ¿Quién sabe? ¡Quizás me esté muriendo! ¿No lo sentirían si *nunca* regresara yo al colegio para contar mi cuento? Así es que, ¿por qué no los invitas por mí?

¡Pobre Isabel! La hice sentirse realmente mal. Me dijo —Está bien, Pixy, haré lo posible. ¡Pero no te puedo prometer *nada*!

Me sentía contenta de que Isabel estuviera de acuerdo. Si hubiera dicho que no, le habría preguntado cómo podía negarse a hacerle un pequeño favor a una amiga moribunda.

Al día siguiente, en la tarde, ya no daba más, esperando que sonara el timbre de la puerta. Estaba segura de que todos los del curso se amontonarían en mi pieza, y de que se sentarían alrededor de mi cama mientras les contaba mi cuento.

Entonces sí, sonó el timbre, y entraron Isabel, Gerardo, Guillermina y Pablito. —Los demás no podían venir —me dijeron.

Por un momento sentí que me iba a poner a llorar. —¡Quería que vinieran *todos*! —dije. Pero no lloré, aunque seguía con las ganas.

Guillermina dijo —Pixy, si quieres, *nosotros* les contaremos tu cuento a los demás.

Al tiro me sentí mejor. —¿Lo *harían*? Oh, Guillermina —le dije—, ¡eso sería estupendo!

Bueno… les conté mi cuento. Y ellos se fueron, prometiéndome otra vez contárselo a todos los demás.

Estoy segura de que a ti también te gustaría oír mi cuento misterioso, tal como se lo conté a Isabel, a Pablito, a Gerardo y a Guillermina. Pero, ¿te *prometí alguna vez* que te lo contaría? No. ¡*No te lo prometí*!

Al día siguiente, después de clases, Isabel me llamó para contarme lo que había pasado. Esto fue lo que pasó:

Isabel le contó mi cuento a Catalina. Ella se lo contó a Raúl. Raúl se lo contó a Nano.

Gerardo le contó mi cuento a Roberto. Roberto se lo contó a Lorena.

Guillermina le contó mi cuento a Quena, y ella se lo contó a Tomasito.

Pablito no le contó mi cuento a nadie.

Después, todos se reunieron e inventaron algo. Isabel no quería decirme qué. Solamente me dijo —Cuando estés de regreso al colegio, Pixy, vas a tener una *gran* sorpresa. ¡Una sorpresa realmente GRANDE!

CAPÍTULO DÉCIMO

Cuando regresé al colegio, al principio nadie parecía diferente. Nadie me prestó una atención especial. Fue como si apenas me echaran de menos.

Me preguntaba cuál sería la sorpresa. Al fin, Isabel y Guillermina me la contaron.

—Pixy —dijo Guillermina—, tu cuento fue muy cambiado por algunos de los niños. Así que, ¿sabes lo que decidimos hacer? Esta tarde, van a contar tu cuento las últimas cuatro personas que lo oyeron.

Le pregunté, —¿Es que mi cuento se volvió cuatro cuentos diferentes?

—Más o menos— dijo Isabel. Cuando ella se dio cuenta de que hacía pucheros, agregó, —Creo que te van a gustar.

—¿Quiénes son los que van a contar los cuentos? —pregunté.

—Nano, Lorena, Tomasito y Pablito —dijo Isabel.

—Así es —concordó Guillermina—. Pero cada uno tendrá un ayudante que le va a hacer preguntas. La ayudante de Nano será Quena; el ayudante de Lorena será Raúl; la de Tomasito será Catalina; y el de Pablito será Roberto.

—Y, ¿qué de Gerardo y de ustedes dos? —les pregunté.

—Oh —contestó Guillermina, con una pequeña risa—, Gerardo quiere tocar su armónica, e Isabel quiere tocar su tambor antes de cada cuento. Yo soy la Directora.

Aplaudí. —¡Esto va a ser como una pequeña representación! ¡Una representación en cuatro actos!

–¡Verdad! –dijo Isabel–. Y la haremos en el salón de actos. Pero *todos nosotros* estaremos en el escenario, y solo tú y el Sr. Mendoza serán el público.

–¡Esto realmente es una sorpresa! –les dije. Para mí, pensé "¡AAAh! ¡No está mal para alguien que creía que un mamífero era un tipo de animal, y que no ha estado casi nada de enferma!".

Pero había más todavía. Porque cuando llegamos al salón de actos, me fijé que habían colocado un enorme cartón en el escenario.

–¿Para qué es *eso*? –le pregunté a Isabel.

–Pablito nos dijo que sabía trabajar con títeres –me explicó–, e hicimos un pequeño teatro de cartón. Pablito y los demás van a meterse adentro.

El Sr. Mendoza y yo nos sentamos juntos, más o menos a diez filas del escenario. Me sentía un poco extraña así tan sola en el salón de actos. Pero luego Guillermina salió al escenario y anunció:

"Cuatro maneras de contar el cuento de Pixy"

Inmediatamente después de eso, Gerardo tocó algo en su armónica. Primero tocó muy fuerte, después tocó más suave. Isabel hizo un redoble de tambores.

De repente, dos títeres aparecieron por encima del cartón en el escenario. Eran dos payasos. Uno llevaba un pequeño letrero que decía "Yo soy Yako", y el otro letrero, el del otro payaso, decía "Yo soy Bozo". Bozo tenía también otro letrero que decía "Acto I".

Esto es lo que conversaban los dos payasos:

Bozo (Nano): Había una vez…

Yako (Quena): ¡Oh, me encantan los cuentos! ¡Que siga, que siga!

Bozo: Había una vez…

Yako: ¡Cuéntame! ¡Cuéntame! ¡Comienza desde el principio!

Bozo: ¡Estoy *tratando* de contártelo! Y estoy tratando de empezar desde el principio. De todos modos, empecemos de nuevo. Hubo una vez el huracán más grande que se haya visto en el mundo.

Yako: ¿Cogía todas las casas, los animales, las personas, y los hacía girar en círculos como el ciclón del cuento *El Mago de Oz*?

Bozo: Fue mucho peor.

Yako: ¡Cuéntame cómo el huracán hizo girar a todos en el aire!

Bozo: ¿Recuerdas la visita que hicimos una vez al fundo donde se criaban vacas lecheras, y entramos al edificio donde tenían ese balde grande hecho de acero donde echaban la leche?

Yako: ¡Me acuerdo! ¡Me acuerdo! Batía la leche hasta que se separaba en leche descremada y crema. (Aquí Yako movía sus manos en grandes círculos para demostrar cómo funcionaba la máquina, y cómo la crema se separaba de la leche descremada).

Bozo: ¡Así fue! Bueno, este huracán hizo girar personas hasta que sus mentes se separaron de sus cuerpos.

Yako: ¡Oh, puchas! ¡Qué desorden y confusión debió haber sido *eso*! ¡No puedo ni imaginarme lo que sería si las mentes de la gente no tuvieran cuerpos conectados a ellas, o si los cuerpos no tuvieran mentes! ¿Qué pasó?

Bozo: Bueno, los cuerpos andaban buscando a sus mentes y las mentes andaban en búsqueda de sus cuerpos.

Pero había muchas equivocaciones. Muchos cuerpos y muchas mentes que se unieron, realmente no se pertenecían. Entonces discutían y se peleaban. Luego, se separaban y comenzaban otra vez a buscar.

Yako: ¿Ninguno halló a quien se pertenecía?

Bozo: Al principio, solo unos pocos. Pero con el paso del tiempo, se fueron encontrando más y más.

Yako: Debe ser muy bonito descubrir su propia mente. ¡Me gustaría encontrar la mía! ¿Dónde la habré podido perder? He buscado por todos lados… debajo de la cama, en el baño, y en la cocina, pero no puedo encontrarla en *ninguna parte*, así es que tengo que hacer lo posible con la que tengo.

Bozo: Tú no eres el único. Por culpa de ese huracán, hay muchos cuerpos en todo el mundo que todavía andan buscando sus mentes, y muchas mentes que todavía están buscando sus cuerpos.

Yako: ¡Ayayay! ¿Lo han avisado al Departamento de Personas Extraviadas?

Bozo: No vale la pena… ellos solo buscan personas.

En este punto, tanto Bozo como Yako desaparecieron detrás del cartón. Aparecieron un momento más tarde con el banderín que decía "Fin del Acto I".

✳ ✳ ✳

Nano y Quena salieron de detrás del cartón. Lorena y Raúl se metieron. Ellos serían las voces en la segunda parte. Por supuesto, Pablito se quedó adentro porque él tenía que manejar los títeres. Gerardo tocó una melodía en su armónica, y ya estábamos listos para el Acto II. De repente, dos títeres saltaron al escenario. Uno era un mago con un sombrero de copa, grandes bigotes, y un serrucho. El otro era una dama cuya cabeza salía por el extremo de una caja y sus pies por el otro. La conversación era esta:

Dama (Lorena): ¿Me vas a partir en dos?

Mago (Raúl): Ese es mi trabajo. Además, no tengo nada mejor que hacer hoy.

Dama: ¿No podrías esperar hasta que te cuente un cuento?

Mago: ¡Tendrá que ser uno muy bueno!

Dama: ¡Está bien! Una vez, antes de que existiera la gente, y antes aún de que fuera mundo, hubo una lluvia constante por todas partes.

Mago: ¡Eso sería muchas gotas de lluvia!

Dama: Bueno, no eran exactamente gotas de lluvia. ¡Eran caramelos!

Mago: ¡Caramelos! ¡Qué dulce! ¿Qué tipo de caramelos eran?

Dama: De todas clases: bombones, dulces de menta, pasas cubiertas de chocolate, y pastillas… todos los tipos que puedas imaginar, y todavía más.

Mago: ¿Eran de distintos tamaños?

Dama: Claro, y de distintas formas también. No eran simplemente redondos o planos. Tenían toda clase de ganchitos y ángulos, y al caer se enredaban unos con otros.

Mago: Me parece muy pegajoso.

Dama: Muy pronto hubo grandes masas de dulces cayendo. Hacían pedazos todo lo que encontraban. Y caían y caían.

Mago: ¿Nunca dejaron de caer? Dama: Sí, después de un buen rato. Comenzaron a caer más despacio, y luego, dejaron de caer. Los más grandes se convirtieron en tierra. Los que habían caído más rápido se convirtieron en

agua y formaron los ríos y océanos. Y los que se desin-
tegraron en polvo de dulces, flotaron hasta más allá y
se convirtieron en el cielo.

Mago: Oh, eso explica por qué el mundo está tan lleno de
tantos colores diferentes —¡los rojos, los morados, los
verdes y los dorados!–. Pero, ¿qué fue de la gente?
¿Cuándo llegó la gente?

Dama: Al principio, había solo partes de la gente…

Mago: …¿Como si alguien hubiera sacudido una caja de
galletas con formas de personas?

Dama: ¡Así fue! Había pies, piernas, orejas, narices, dedos y
hombros, todo eso andando de aquí para allá, tratando
de encontrarse unos con otros.

Mago: ¿Quieres decir que los brazos y las piernas andaban
solos? Eso lo encuentro muy difícil de creer.

Dama: No te pedí creerlo; lo único que te pedí fue escuchar.
De todos modos, eso es lo que pasó en mi cuento. Los
dedos buscaban a las manos, los dedos del pie buscaban
a los pies, las lenguas buscaban a las bocas, y las orejas
buscaban a las cabezas.

Mago: Y, ¿qué pasó cuando al fin las gentes se fueron
completando?

Dama: No estaban contentos solos. Entonces, se unieron en
familias. Y las familias se agruparon en tribus, y las
tribus formaron naciones.

Mago: ¡No me digas!

Dama: Sí te digo. Y la gente comenzó a conversar unos con
otros. Pero primero tuvieron que inventar palabras. Le
pusieron nombres a las personas, como 'Juan' y 'María'.

Mago: ¡Qué inteligente! ¿Quién hubiera pensado en llamar
'montañas' a las montañas? Pero, sigue con tu cuento.
¿Vivían todos felices para siempre?

Dama: No, de ninguna manera. Las palabras se sentían infelices. Los brazos, las orejas, las narices también, tal como cuando estaban separados y solos. Los sustantivos querían que los verbos los acompañaran, y los verbos necesitaban a los sustantivos.

Mago: ¡Comprendo perfectamente! Las palabras 'perros' y 'ladran' se creían hechas la una para la otra, y lo mismo pasó con las palabras 'patos' y 'graznan'.

Dama: Claro, y muy pronto, frases completas lograron agruparse.

Mago: ¡Qué emocionante! ¡Entonces así fue como la gente comenzó a hablar!

Dama: Así fue, y después de haber estado hablando por mucho tiempo, comenzaron a pensar.

Mago: ¿Es eso el fin de tu cuento?

Dama: Sí, pero, ¿no te gustaría oír…?

Mago: No será necesario, gracias.

(Empieza a usar el serrucho como un loco. Corta en dos la caja. La dama sale de la caja completamente ilesa. Ella y el Mago levantan las manos y hacen una reverencia al público. Luego sacan su banderín: "Fin del Acto II").

✳ ✳ ✳

Entonces, Lorena y Raúl salieron del escenario. La siguiente pareja que entró fue Tomasito y Catalina. El Acto III era como los otros dos, excepto que los títeres eran el Espantapájaros y el Leñador de Hojalata. Cuando Isabel terminó de tocar el tambor oímos lo siguiente:

Espantapájaros (Catalina): Leñador de Hojalata, aunque estoy armado de nuevo, ¡me siento tan… tan despedazado todavía!

Leñador de Hojalata (Tomasito): Si tú, siendo tan sabio, te sientes despedazado, ¿cómo crees que me siento yo?

Espantapájaros: ¿Cómo te sientes?

Leñador: Cada parte de mi ser se está oxidando y ¡estoy tan preocupado! Si reemplazo todas mis partes de nuevo, ¿todavía sería yo mismo? Tú tienes cerebro, ¡dime!

Espantapájaros: ¡Lo que te diré es… un cuento!

Leñador: ¡Un cuento! ¿Comienza con "Había una vez…"?

Espantapájaros: Claro que sí. Había una vez antes de que existiera gente como nosotros, solo partes de personas. Había montones de orejas, montones de narices, y montones de ojos por todos lados.

Leñador: Lo que se necesitaba era una línea de montaje.

Espantapájaros: Es cierto, pero por bastante tiempo no pasó nada. Por último, llegó el momento en que las cosas se juntaron, y deberían ya ponerse a trabajar. Así es que se les preguntó a las partes, "A ver, ¿quién quiere hacer el trabajo de caminar?".

Leñador: Apuesto que yo sé lo que sucedió: estallaron muchas discusiones grandes porque las orejas, los ojos, las manos y los pies, todos querían correr, y las bocas y los dedos pulgares querían oír.

Espantapájaros: Tienes razón. ¡Fue una confusión total! A los ojos se les dio la tarea de gustar, y se quejaban, "No podemos gustar nada porque no hay suficiente luz!"; y los oídos tenían que oler, pero se quejaban de que no podían oler porque había demasiado ruido.

Leñador: Supongo que tuvieron que recoger las tareas y repartirlas de nuevo.

Espantapájaros: Claro. Pero esta vez se hizo debidamente. A los ojos se les dijo que su único trabajo sería ver, y a los oídos se les dijo que su única tarea sería oír.

Leñador: Entonces, ¿todos vivieron felices para siempre?

Espantapájaros: No, lo lamento, no fue así. Nadie estaba contento. El mejor par de ojos decía, "Realmente no servimos porque no podemos correr". Y las mejores narices decían, "¡Míranos, no servimos para nada! ¡No podemos oír!".

Leñador: ¡Qué tontos eran! ¿Había otros que querían ser lo que no eran?

Espantapájaros: Claro que sí. Había adultos que querían ser niños, y niños que querían ser adultos. Había gatos que querían ser personas y personas que querían ser gatos.

Leñador: ¡Lo único que yo he querido ser es un leñador de hojalata con un corazón! Ahora que lo tengo, ¿cambiaré?

Espantapájaros: No mientras el cuento del cual formamos parte quede tal como está.

Leñador: ¡Qué bien! Los corazones de hojalata se oxidan. Pero el corazón de un cuento puede durar para siempre. Eso me gusta.

CAPÍTULO UNDÉCIMO

El último cuento fue el de Pablito. Roberto estaba con él, dentro del cartón, pero Pablito tenía que manejar los títeres y contar el cuento al mismo tiempo.

Cuando aparecieron los títeres, me sorprendí mucho. No tenían nada de fantasía. Un títere representaba a un niño común y corriente, y el otro, a una niña común y corriente también. El niño levantó un letrero que decía "Yo soy Pablito". El letrero de la niña decía "Yo soy Pixy". ¡Imagínate!

Pablito representó el papel de sí mismo. Roberto tenía que hablar con voz chillona para hacer como si fuera yo.

Pablito: En la noche, Pixy, cuando miras al cielo, ¿qué ves?
Pixy: Las estrellas.
Pablito: Bueno, eso es lo que la gente nos cuenta… que vemos estrellas. Pero, en realidad, ¿qué es lo que vemos?
Pixy: Vemos… ¡luces!
Pablito: Bueno, ahí va a comenzar mi cuento… con esas luces.
Pixy: Pero primero tienes que decir "Había un vez…" Pablito, ¡tienes que hacerlo así!
Pablito: Claro, ¿por qué no? Había una vez las luces que vemos por millones y billones y trillones.
Pixy: Pablito, ¡estás inventando todo esto! Si no eran estrellas, ¿qué eran?

Pablito: Ideas.

Pixy: ¡Ideas! ¿Ideas de qué?

Pablito: Ideas de todo. Ideas de sartenes, de puertas, de objetos voladores, de números y galletas…

Pixy: ¿Había ideas de cosas que no se pueden tocar?

Pablito: ¿Como qué?

Pixy: ¿Como la amistad, la belleza y la bondad?

Pablito: Claro, había ideas de todas esas cosas.

Pixy: ¿Había ideas del odio, del malhumor y de la maldad?

Pablito: No… no estoy tan seguro. Creo que no.

Pixy: ¿Había ideas de las cosas feas como lodo, basura y suciedad?

Pablito: No estoy tan seguro de eso tampoco. Quizás.

Pixy: ¿Eran realmente, pero realmente ideas?

Pablito: Por supuesto, y cada una era perfecta. La idea de una silla era la idea perfecta de una perfecta silla. La idea de un lavaplatos era la idea perfecta de un lavaplatos perfecto. Y la idea de la bondad era la idea perfecta de la perfecta bondad.

Pixy: Si todas eran tan perfectas, deben haberse sentido muy felices.

Pablito: Ese es el asunto. No eran felices. No estaban satisfechas de ser ideas. Querían ser cosas también. Por ejemplo, la idea de almohada le dijo a la idea de cama: "Yo quiero ser una almohada real, hecha de plumas reales, para que, cuando una persona ponga su cabeza en mí, diga 'Esta sí que es una almohada realmente suave'".

Pixy: Y, ¿qué decían las ideas de la belleza y de la bondad?

Pablito: Dijeron, "Ya nos cansamos de solo brillar aquí en el cielo donde no pasa nada. Queremos ser cosas realmente bellas y personas realmente buenas".

Pixy: Y, ¿qué pasó?

Pablito: Escogieron al planeta Tierra como el lugar donde harían lo que querían hacer.

Pixy: Y cuando las ideas llegaron a la Tierra, ¿qué pasó entonces?

Pablito: Descubrieron que había mucho trabajo esperándolas.

Pixy: ¿Se pusieron a trabajar las ideas?

Pablito: Nada tenía forma. Todo era solo una masa de materia.

Pixy: ¿No había ni sillas, ni caballos, ni gente?

Pablito: Hasta que llegaron las ideas, no. Las ideas dieron forma a las masas de materia.

Pixy: ¿Así como uno toma un poco de greda y hace una bola? ¿O como uno toma un cuchillo y corta un pan en rebanadas?

Pablito: Bueno, no estoy seguro. Creo que fue más como… como el compartir.

Pixy: ¿El compartir? ¿Como Isabel y yo compartimos siendo amigas?

Pablito: En cierto sentido, sí. Dondequiera que haya una relación, allí está el compartir.

Pixy: Pablito, no puedo adivinar lo que quieres decir. Me lo tienes que explicar.

Pablito: ¿Sabes como compartimos al escuchar cuando el Sr. Mendoza nos lee un cuento?

Pixy: Claro, pero…

Pablito: ¡Bien! Antes de oír el cuento, ¿no estaba tu mente en estado de confusión, y llegó a ponerse en orden a través del cuento?

Pixy: ¿Quieres decir que eso es lo que hicieron las ideas: dieron forma a las cosas y las pusieron en orden? Dame un ejemplo.

Pablito: Bueno, la idea de silla dio forma a la madera para que, basándose en la idea, miles y miles de sillas pudieran fabricarse. Y lo mismo pasó con la idea de cama y con la idea de mesa. No hay límite en el número de las cosas que pueden compartir una sola idea.

Pixy: Pablito, además de las ideas de las cosas, ¿había ideas de personas?

Pablito: Claro, pero con las personas fue diferente. No importa cuántas sillas hubiera, la idea de silla era solo una. Pero para cada persona, había una idea diferente.

Pixy: Cuando algo le sucedía a una cosa, ¿le sucedía algo también a la idea de esa cosa? Quiero decir que si se quemaba la silla, ¿se quemaba la idea de silla también?

Pablito: No, no hay nada que pueda destruir a las ideas. Las cosas que comparten esas ideas pueden ser destruidas, pero no las ideas.

Pixy: Y, ¿es lo mismo con la gente?

Pablito: Puede ser. Murió Bernardo O'Higgins, pero ¿murió la idea de Bernardo O'Higgins?

Pixy: Pablito, ¿se pusieron felices las ideas cuando llegaron aquí?

Pablito: No. Llegando aquí, muchas de ellas fueron muy infelices.

Pixy: ¿De verdad? ¿Por qué?

Pablito: Mira. En el cielo, donde estaban, eran perfectas y todo a su alrededor era perfecto. Si uno era una idea, vivía entre hechos perfectamente valientes y entre pueblos perfectamente hermosos y entre afirmaciones perfectamente verdaderas.

Pixy: ¡Oh, ahora te comprendo! Cuando llegaron aquí, encontraron todo sin forma y feo.

Pablito: Claro, y aunque hicieron lo posible para darle forma a las cosas, nada nunca salió exactamente como debía. De hecho, la mayoría de las cosas son feas, y muchas afirmaciones son falsas, y no hay mucha gente que hace el bien.

Pixy: Supongo que las ideas decían, "¡Las cosas no eran así allí de donde venimos!".

Pablito: Al principio, no. Cuando una idea llegara aquí, se le olvidaría cuán maravilloso y perfecto era todo en el cielo de donde había venido.

Pixy: ¿Olvidar? ¿Quieres decir que todos los recuerdos se les borraron y que no pudieron recordar nada de ese mundo tan maravilloso?

Pablito: Así fue, pero de vez en cuando, algo bueno le sucedería a una idea.

Pixy: ¿Algo bueno? ¿Como qué?

Pablito: O en medio de toda la fealdad, uno podría ver un bello animal. O en medio de todas las cosas malas que la gente hacía, se podría ver a alguien hacer algo bueno.

Pixy: ¿O podría oír a alguien decir la verdad para variar?

Pablito: Claro. Y cuando pasaban cosas como esas, la idea se acordaba, de repente, de todo lo que había olvidado. Recordaba el mundo hermoso de donde había venido, donde había estado rodeada por otras ideas perfectas y donde todo era verdadero y bueno.

Pixy: ¿Es por eso que, cuando vamos al cine, y al final de la película los buenos vencen a lo malos, queremos llorar de pura felicidad simplemente porque nos sentimos contentos de estar por un momento donde todo resulta tal como debe ser?

Pablito: Creo que sí. Y es por eso que más bien nos estremecemos cuando vemos algo hermoso o cuando descubrimos algo que es auténtico. Es como si estuviésemos de nuevo donde pertenecemos, y estamos felices.

De repente, justo cuando creíamos que ya se había terminado la representación y se retiraron los títeres, Roberto sacó la cabeza de dentro del cartón. En voz alta dijo —Yo no sé si ese era el cuento de Pixy o el de Pablito, pero de todos modos, ¡era estúpido! ¡Toda esa fantasía acerca de que las estrellas realmente son ideas que bajan a la tierra y que dan forma a todo! ¿Quién ha oído alguna vez algo tan ridículo?–. Entonces Pablito sacó la cabeza y dijo –Pero Roberto, ¿tienes tú un cuento diferente?

–No, pero te puedo decir en qué falla el tuyo –dijo Roberto–. Las ideas son pensamientos, y los pensamientos salen de nuestro cerebro. Y las cosas tienen sus propias formas: ¡no las recibieron de las estrellas! ¡Puchas, hasta cuánto puedes confundirte!

Pablito no se enojó. Solamente se rió y preguntó –¿Cómo es que lo que yo dije era un cuento de hadas, y lo que tú acabas de decir, no lo era?

–Es sencillo –dijo Roberto–. Las ideas en un cuento de hadas no son como las cosas en el mundo. En un cuento verdadero, sí lo son.

–Oh –dijo Pablito–. Bueno, en tal caso, si lo que yo dije era un cuento de hadas, lo que tú dijiste también lo era.

Yo esperaba que Pablito explicara lo que quería decir, pero justo en ese momento, Tomasito gritó –Roberto, ¡deja de discutir con Pablito! ¿Por qué estás metiéndote en su cuento?

Roberto iba a responder a Tomasito, pero Pablito contestó por él, –No le eches la culpa a Roberto. Esto ocurrió al final tal como él y yo lo habíamos planeado.

Todos creímos que eso fue muy divertido.

Roberto me preguntó –¿Cuál de las cuatro versiones fue la más parecida a tu cuento, Pixy?

Le dije, –Ninguna. Todas son muy diferentes de mi cuento.

Nano dijo –Puchas, Pixy, deja de fastidiar. Cuéntanos tu cuento y dejémoslo.

Me reí. —Nano, debes creer que soy una tonta. Yo no les he contado mi cuento y ¡me han convidado a una representación de cuatro actos con títeres! Quién sabe si puedan continuar y continuar… mientras no se los cuente.

—Pero, por lo menos sabemos el cuento de cómo ocurrió tu cuento misterioso —dijo Isabel.

—Y sabemos cuál era tu criatura misteriosa —dijo Nano—. Así es que sabemos dos de tus misterios.

¡Nano siempre se cree tan listo! Le dije —¿Estás seguro?

—Por supuesto que estoy seguro —me contestó con una gran sonrisa.

—Bueno —dije—, tengo una sola pregunta. ¿Cómo sabes?

—¿Cómo sé cuál era tu criatura misteriosa? —preguntó—. ¡Eso es estúpido! ¿Cómo sabe uno cualquier cosa?

—Ah, Nano —le dije—. ¿No es eso el tercer misterio?

www.ingramcontent.com/pod-product-compliance
Lightning Source LLC
Chambersburg PA
CBHW021333160726
47994CB00007B/2673